MÉTIERS DE L'AÉRONAUTIQUE

Tome 3

La conception des nouveaux appareils

ISBN : 978-2-37301-090-9
EAN : 9782373010909

Site Internet : www.editions-jpo.com
Email : shop@editions-jpo.com

Révision : Valérie Eveillé

Claude LELAIE

MÉTIERS DE L'AÉRONAUTIQUE

Tome 3

La conception des nouveaux appareils

Éditions JPO

AVANT-PROPOS

Le lancement d'un nouvel avion ou d'un hélicoptère est toujours un grand événement.

La décision de lancer un nouvel appareil doit être mûrement réfléchie, et prise par de vrais professionnels. D'abord, il faut bien connaître les défis technologiques qui se dresseront dans la conception. Il faut étudier avec une très grande rigueur les aspects planning et financement. Il faut une organisation sans faille, aussi bien pour la conception que pour la production. Un nouveau programme représente un investissement considérable et, dans le meilleur des cas, les premiers retours sur investissement n'arriveront qu'au bout d'une dizaine d'années, et souvent beaucoup plus. Les sociétés aéronautiques doivent donc « avoir les reins solides » pour lancer une nouvelle machine.

Quelquefois des industriels, en général quasi inconnus, ont annoncé qu'ils allaient lancer une machine « miracle », à un prix défiant toute concurrence, avec une consommation par passager ridiculement basse. Ils ont fait leur publicité dans les médias, et l'affaire s'est arrêtée là. Dans l'aéronautique, le bluff peut assurer une notoriété très provisoire, mais il ne permettra jamais de lancer un bel avion, et d'en tirer les profits que tout industriel est en droit d'espérer.

L'une des difficultés est qu'un avion ou un hélicoptère n'est pas produit, ni même conçu d'ailleurs, par une société qui ferait tout. Il y a de très nombreux sous-traitants et équipementiers qui participent à chacun de ces programmes. La coordination de toutes les équipes est un point fondamental. En effet, imaginons qu'un des industriels ne soit pas capable de réaliser les travaux demandés, ou prenne un retard considérable, le programme serait retardé et tous les participants en subiraient les conséquences. Il apparaît donc que, non seulement l'avion doit être bien conçu, mais qu'une solide organisation est nécessaire pour assurer la réussite.

Il n'y a pas de schéma type pour décider du lancement. Les décisions sont prises d'une manière très différente selon qu'il s'agit d'un avion de transport commercial, d'un avion de chasse, d'un petit hélicoptère ou d'un lanceur spatial. Le processus s'adapte au contexte, et nous allons voir différentes situations que l'on peut rencontrer.

Pour la conception, l'avionneur doit mettre sur pied des équipes solides avec des ingénieurs spécialistes de haut niveau. La sécurité demande à ce qu'on ne laisse rien au hasard. Mais il faut également être efficace car le nouvel appareil doit être meilleur que ses concurrents. Des choix, souvent difficiles, doivent être faits. Les décideurs ont une tâche redoutable. S'ils se trompent, ce sont peut-être des milliards qui partiront en fumée. Ils doivent être compétents techniquement, mais également capables d'évaluer les risques financiers associés aux différentes hypothèses.

Lancer et concevoir un nouvel avion ou un hélicoptère est un métier passionnant en raison de la variété des problèmes abordés. Vous pouvez faire cela toute votre vie, mais les technologies changent tellement vite que, d'un programme à un autre, vous aurez quelquefois l'impression de ne plus faire le même métier. Par exemple, les ingénieurs spécialistes des commandes de vol mécaniques, avec câbles, bielles et poulies, sont devenus rapidement des spécialistes des commandes de vol électriques avec de nombreux calculateurs.

Il ne faut pas s'imaginer que la première idée est toujours la bonne. Les ingénieurs en charge de la conception doivent travailler pour évaluer toutes les possibilités et converger vers la définition finale. Et n'oublions pas que de nombreux équipements doivent être étudiés, puis installés sur les nouveaux avions ou hélicoptères.

Nous nous proposons de passer en revue dans ce livre les principaux aspects de la conception des nouveaux appareils, avec de nombreux exemples. Cela commence en général par une concertation avec des clients potentiels, et se poursuit par des phases de recherche, de faisabilité, puis d'avant-projet. Après la décision de lancement, le constructeur doit s'organiser, avec le motoriste et tous les équipementiers associés, pour concevoir l'avion dans ses moindres détails, puis pour le produire.

L'avenir est radieux pour l'industrie aéronautique avec un fort taux de croissance du transport aérien et des budgets militaires en expansion. Même si, pour les pilotes ou des observateurs extérieurs, il n'y a guère de différences entre un A320 et un A350, les systèmes sont différents sur de multiples aspects. Et il faut donc « travailler dur » sur chaque programme. Chacun peut trouver sa place dans l'aéronautique car il y a de multiples spécialités, et nous en étudierons quelques-unes de plus près afin de montrer la variété des problèmes qui se posent dans chacune d'entre elles.

Nous décrirons également quelques opportunités d'évolution de carrière. Elles sont très variées car, en dehors de la conception proprement dite, les constructeurs ont beaucoup d'autres activités techniques très importantes comme le marketing, le support aux clients, les essais en vol, etc. Ils ont absolument besoin d'être à l'écoute et au service de leurs clients, sinon ils disparaîtront un jour ou l'autre. Et surtout, n'oublions pas que la sécurité doit être présente à l'esprit de tous à chaque instant.

Note : Les lecteurs qui ne sont pas familiers avec le fonctionnement d'un avion trouveront quelques explications dans un chapitre en annexe.

PARTIE 1

DÉVELOPPEMENT DES APPAREILS GÉNÉRALITÉS

LE LANCEMENT D'UN PROGRAMME D'AVION DE TRANSPORT CIVIL

Avant de lancer un nouvel avion et donc de faire des investissements importants, un industriel doit se poser quelques questions essentielles. En particulier : quelles sont les technologies que je prévois de maîtriser pour le nouvel appareil, que disent les études de marché, et que veulent les clients ?

Ces questions sont particulièrement importantes dans l'aéronautique compte tenu des investissements gigantesques nécessaires pour le lancement d'un nouvel avion, ou même d'un appareil dérivé (fuselage allongé ou raccourci par exemple). Une erreur de jugement pourrait signer l'arrêt de mort de la société.

***

La recherche joue un rôle important dans l'aéronautique. Dans tous les domaines, les ingénieurs étudient de nouveaux matériaux, de nouveaux systèmes pour améliorer les performances et la sécurité, sans toujours être certains d'aboutir. C'est le principe même de la recherche. Et les applications peuvent quelquefois être à très long terme, près de vingt ans.

Prenons un exemple pour l'illustrer. À la fin des années 1980, il a été envisagé de réduire la masse de l'avion en ne conservant que deux circuits hydrauliques au lieu de trois sur tous les avions équipés de servocommandes pour toutes les surfaces de contrôle, ce qui permettait de supprimer des tuyauteries. Pour assurer le même niveau de sécurité, les ingénieurs ont conçu des servocommandes incluant un petit moteur électrique fournissant la pression hydraulique. Les premiers prototypes ont été testés au sol en 1989, puis en vol quelques années plus tard sur un A320 utilisé pour de nombreux essais. Finalement, l'A380 a été le premier avion de transport produit en série avec seulement deux circuits hydrauliques principaux. Le premier exemplaire a été livré en 2007. Ainsi, il a fallu environ vingt ans pour mettre au point la technologie avec le degré de sécurité nécessaire.

Un autre exemple intéressant est celui de l'utilisation du carbone dans la structure des avions. Ce n'est pas nouveau puisque, depuis les années 1980, les empennages des Airbus sont en carbone. Mais, afin de gagner de la masse, Boeing est allé beaucoup plus loin en concevant un fuselage bobiné, en fibres de carbone, pour le B787. Le but était aussi de réduire le temps de fabrication avec seulement 10 000 rivets à poser contre un million sur un B747. Les difficultés de mise au point ont été très nombreuses et, finalement, il est difficile de savoir si les gains sont à la hauteur des prévisions. Certains spécialistes estiment que cette technologie prometteuse aurait sans doute mérité un peu plus de mûrissement avant son application sur un nouvel avion.

Ces exemples montrent donc toute l'importance de bien évaluer les nouvelles technologies avant de les utiliser sur un nouvel appareil. Il ne faut pas prendre des risques inconsidérés qui pourraient retarder significativement le programme.

***

Les avionneurs, motoristes, et équipementiers disposent tous de leurs propres études de marché. Par ailleurs, de nombreuses statistiques et estimations sont préparées par des instituts divers. Mais la difficulté dans l'aéronautique tient au fait que les prévisions doivent être faites à très long terme, en moyenne vingt à trente ans, car un avion doit être produit pendant au moins vingt ans, et à un rythme assez soutenu, pour assurer la viabilité du programme. Il faut environ dix ans pour assurer la conception, le développement et la certification. Les dix années suivantes permettent d'avoir une vue raisonnable sur le marché. Mais les prévisions au lancement d'un programme sont faites sans boule de cristal !

Prenons l'exemple de l'A320. Au début des années 1980,

certains hésitaient à lancer cet avion. À l'époque du lancement, plusieurs fois annoncé puis reporté, il n'y avait que 80 commandes fermes. Une estimation optimiste envisageait un marché de 800 appareils. Un « Grand Patron », particulièrement visionnaire, avançait le chiffre de 1 300 ! Mais qui aurait imaginé que, début 2018, environ 8 000 exemplaires seraient livrés, avec 6 000 encore en commande ? Et ce n'est pas terminé car la production mensuelle pourrait atteindre 75 avions par mois dans les toutes prochaines années !

Les études de marché sont vraiment très difficiles à long terme. Ainsi, qui aurait pu deviner un développement aussi spectaculaire des compagnies *low cost* comme easyJet ou Ryanair en Europe qui, aujourd'hui, prennent livraison chacune d'une centaine d'avions neufs par an ?

Mais ce n'est pas parce qu'une étude de marché semble prometteuse qu'un avionneur doit se précipiter pour lancer un nouveau produit. Il doit considérer ce qu'il a dans sa gamme actuelle, et voir où il y a un « trou » à combler. Il doit également tenir compte de ce que font les rivaux. Il est toujours possible de conserver un modèle ancien s'il résiste bien à la concurrence. Le B737, dont le premier vol remonte à 1967, est typique de cette attitude. Progressivement modernisé, il résiste plutôt bien face à la famille A320. Alors, Boeing considère qu'il est inutile d'investir dans un nouveau modèle, même s'il est possible de faire nettement mieux.

Le lancement de l'A350 est lié au fait qu'entre l'A380 et l'A330, Airbus laissait une position de monopole à Boeing avec le B777, plus gros que l'A330. De même, Boeing a lancé un long-courrier plus petit que le B777, le B787, pour ne pas laisser tout le marché des « petits long-courriers » à l'A330.

Aujourd'hui, les études de marché montrent le besoin d'un avion moyen à long-courrier de 200 à 250 places, mais personne ne se lance. Il est vrai que, pour des raisons techniques, c'est un avion difficile à concevoir.

***

Il faut bien entendu écouter le client. La difficulté est qu'il n'y a pas un client, mais plusieurs, et même beaucoup ! Ils n'ont pas le même réseau, des contraintes différentes, des opinions qui peuvent être contradictoires pour des raisons historiques, ou simplement parce que c'est l'avis d'une forte personnalité de la société. La synthèse est bien souvent difficile.

Un exemple intéressant est celui du lancement des A340 et A330. À l'époque, Airbus avait décidé d'étendre sa gamme vers les long-courriers et avait dans ses cartons deux modèles, le TA9 (TA pour *twin aisle* ou deux couloirs), bimoteur, et le TA11, quadrimoteur. Lequel fallait-il lancer ? Les compagnies aériennes ont donc été interrogées. Les asiatiques et européennes souhaitaient plutôt un quadrimoteur. Les compagnies américaines voulaient un bimoteur. Certaines, plus sages, avaient répondu que le choix ne leur appartenait pas. D'autres enfin disaient : « Faites les deux » ! C'est ainsi que le TA9 a donné naissance à l'A330 et le TA11 à l'A340. Les deux avions ont des systèmes très similaires et quelquefois identiques. Mais, ce n'était pas la bonne décision. Le B777 l'a nettement emporté sur l'A340 qui n'a pas eu le succès escompté. Par contre l'A330 est une réussite technique et commerciale.

La conclusion est qu'il faut bien entendu écouter les clients, mais il faut aussi considérer que ce n'est qu'un avis auquel il ne faut pas toujours se fier. À chacun son travail et ses compétences. L'avionneur est le mieux armé pour choisir la configuration optimisée qui répondra le mieux aux souhaits des clients.

L'histoire du lancement de l'A380, racontée en annexe par celui qui l'a vécue en première ligne, Philippe Jarry, montre également les difficultés que peut avoir un constructeur pour prendre les décisions appropriées.

***

Sur le plan technique, la première étape est de préparer un avant-projet. L'équipe en charge part d'une série de spécifications qui comprennent, parmi de nombreux paramètres, la charge marchande, la distance franchissable, les distances de décollage et d'atterrissage, les niveaux de bruit, etc. Cet avant-projet est bâti à l'aide d'itérations successives car toute modification d'une caractéristique a des conséquences en cascade. Pour l'illustrer, prenons un exemple simple. Une première masse à vide a été évaluée compte tenu des caractéristiques de l'appareil. Pour franchir la distance prévue avec la charge marchande, la consommation de carburant estimée conduit à une masse maximale au décollage. Mais celle-ci peut ne pas être compatible avec la masse à vide car il apparaît que certains éléments de structure ont été sous-dimensionnés pour cette masse au décollage. Un autre exemple. La masse maximale au décollage peut ne pas être compatible avec les performances de décollage. Dans ce cas, il faut sans doute revoir la surface de la voilure, avec de nouvelles conséquences sur la masse. Ainsi, un avant-projet ne peut pas être figé en quelques jours. Il faut de très nombreuses itérations pour satisfaire toutes les spécifications.

Les équipes d'avant-projet disposent d'outils performants dans plusieurs domaines. D'abord le calcul des masses, qui est un élément fondamental, se fait à partir des valeurs connues sur les autres appareils en les ajustant en fonction de la taille de l'appareil et des améliorations techniques qui vont être apportées pour la réduire. Dans le domaine de l'aérodynamique, il y a aujourd'hui des outils très puissants pour optimiser les caractéristiques des voilures. Plus tard, tout cela sera renforcé par des essais en soufflerie. Finalement, connaissant les caractéristiques des moteurs (poussée et consommation) les performances peuvent être estimées avec une bonne précision.

Mais, il y a quand même une difficulté avec le moteur. On ne trouve jamais sur étagère le moteur idéal. Il faut donc convaincre un ou plusieurs motoriste(s) d'investir dans le développement d'un réacteur adapté. Et ce n'est pas toujours évident. Le motoriste doit être convaincu de la viabilité du projet car les sommes en jeu sont absolument considérables. Sans motoriste, le projet ne démarrera pas. Les discussions commencent donc relativement tôt avec eux. D'une manière générale, un avionneur bien « installé », comme Airbus ou Boeing n'aura pas trop de peine à convaincre. Cependant, cela n'empêche pas des discussions difficiles pour se mettre d'accord sur les caractéristiques du nouveau moteur, et surtout sur les conditions financières !

***

Lorsque l'avant-projet est suffisamment abouti, éventuellement avec des variantes, la direction de la société autorise l'équipe commerciale à visiter les clients potentiels pour proposer le nouvel appareil. Les compagnies dites « de lancement », qui recevront les premiers avions, auront droit à des remises très significatives. À ce titre, elles devront accepter une fiabilité qui est généralement un peu moins bonne dans les premiers mois, le temps de régler toutes les petites anomalies. Mais aujourd'hui, certaines compagnies exigent la perfection, quitte à y mettre le prix, et elles ne veulent donc pas être compagnie de lancement.

Le but de cette campagne de vente est de recueillir un maximum de commandes qui peuvent être des commandes fermes, des options ou des intentions d'achat. Si le nombre est jugé suffisant le programme va être lancé.

Les futurs clients vont étudier le projet avec attention. Certaines personnes peuvent avoir des réactions *a priori*, avec des jugements sans réel fondement scientifique. Airbus a connu cela avec l'A320 et les commandes de vol électriques. Certains pilotes prétendaient que cela limitait la manœuvrabilité et que cela n'était pas acceptable. Ils voulaient avoir la liberté de casser l'avion pour « sauver des passagers » disaient-ils ! Après plusieurs centaines de millions d'heures de vol, il est clair que cette demande était sans fondement.

***

En pratique, les avionneurs ont toujours plusieurs fers au feu. Ils ne se contentent pas d'étudier LE futur modèle, mais il y a toujours plusieurs avant-projets en préparation en parallèle pour différents types de machines. Cependant, on ne peut pas tout lancer en même temps compte tenu des contraintes financières, mais également des moyens humains. Bien souvent la pression du marché et l'attitude de la concurrence vont orienter les décisions.

***

À noter qu'alors que l'industrie aéronautique a une réputation de sérieux, on voit quelquefois des coups de bluff pour « chatouiller » le concurrent. Un exemple amusant est celui du Sonic Cruiser (cahier photo n° 1) annoncé par Boeing en 2000, au moment où Airbus s'apprêtait à lancer l'A380. Cet avion devait voler à Mach 0,95, donc être beaucoup plus rapide que ses concurrents grâce à une géométrie toute nouvelle. Les compagnies n'avaient pas été consultées lorsque le projet leur a été présenté. Les équipes de Boeing disaient : « Avec dix Sonic Cruiser vous ferez le travail de onze avions classiques ». Les analystes ont fait tourner les ordinateurs. Résultat : un grand « flop » ! La raison est simple : la consommation nettement plus élevée supprimait l'intérêt de la vitesse. L'avion suivant de Boeing, le 7E7 devenu le B787, a été proposé avec une vitesse de croisière « normale » : Mach 0,85 !

LE LANCEMENT D'UN PROGRAMME MILITAIRE

Le lancement d'un appareil militaire, avion ou hélicoptère, obéit à des règles différentes de celles des avions de transport civils. En effet, l'Armée, qui est le client, a décidé de remplir une mission et, pour cela, elle doit disposer d'un appareil dont elle a établi les spécifications. Dans la pratique, le scénario est plus complexe car il faut s'assurer que les industriels sont bien capables de concevoir un appareil satisfaisant toutes les demandes des militaires. Ainsi, en exagérant grossièrement, on ne peut pas demander à un tout petit radar d'avoir une portée considérable, ou à un avion de combat d'avoir une distance franchissable de 10 000 km sans ravitaillement en vol ! Il y a donc des discussions permanentes entre le ou les constructeur(s) retenu(s) et les armées pour affiner les spécifications et converger vers un compromis qui soit satisfaisant pour les besoins militaires, et compatible avec la technologie disponible à ce moment.

***

Les avions militaires sont beaucoup plus complexes que les avions civils du fait de leurs missions. Comparons l'A400M (cahier photo n° 1) à un avion de transport commercial. En dehors du transport de troupes, il doit être capable d'exécuter les missions suivantes : atterrissage sur des pistes sommaires, largage de charges et de parachutistes à toutes altitudes, ravitaillement en vol (ravitailleur et ravitaillé), suivi de terrain automatique à basse altitude, etc. Tout cela crée de nombreuses contraintes pour la conception.

Le cycle de développement d'un avion militaire est sensiblement plus long que celui d'un « simple » avion de transport.

En reprenant l'exemple de l'A400M, huit pays se sont mis d'accord sur un cahier des charges en 1993, sachant que le besoin français avait été manifesté dès 1984 (ATF : Avion de Transport Futur). Les essais en vol ont débuté en décembre 2009. Le premier avion a été livré en 2013. L'une des difficultés est que, pendant les trente ans écoulés entre la première expression du besoin en France et la livraison, les technologies ont beaucoup évolué. Clairement, il n'est pas possible de livrer en 2013 l'avion que l'on avait imaginé en 1984. D'où une évolution permanente de certaines spécifications concernant par exemple les équipements.

Les délais et retards sont partiellement dus à des difficultés d'organisation liées à la coopération industrielle. Chaque État qui commande veut récupérer une partie du travail de développement et de fabrication, selon le principe du « juste » retour, ce qui fait qu'il est très difficile d'optimiser le programme.

Une autre difficulté est liée au marché relativement limité. Il est bien loin d'être égal à celui des avions commerciaux. Des pays comme la France et l'Allemagne ne commandent qu'une cinquantaine d'A400M. Au total, moins de 200 appareils devraient être construits. Bien entendu, il est toujours prévu que l'exportation puisse améliorer la rentabilité.

***

L'exemple du programme Rafale (cahier photo n° 1) montre également la difficulté de développer un nouveau programme d'avion militaire. Au milieu des années 1970, les armées ont exprimé le besoin d'un nouvel avion de combat polyvalent. Les divergences avec les partenaires européens avec, par exemple, la possibilité d'opérer sur un porte-avions, ont conduit la France à se désolidariser de ses partenaires. À noter que les divergences ne portaient pas que sur les motifs opérationnels, mais les enjeux industriels étaient au moins aussi importants (sinon plus !). Ainsi le Rafale a été lancé. Un démonstrateur a volé en 1986 (Rafale A). Après analyse de tous les résultats d'essais, un avion légèrement plus petit a été développé (Rafale C) et il a volé en 1991. La mise en service a eu lieu dix ans plus tard.

Comme pour l'A400M, la phase de développement a été très longue, principalement en raison de la difficulté de mise au point du système d'armes, extrêmement complexe. Pour tous les avions militaires, dont la durée de vie est maintenant de plusieurs dizaines d'années, les évolutions sont permanentes. De nouveaux armements, radars, etc. sont adaptés par standards. Si la cellule et même les moteurs n'évoluent que marginalement, les équipements militaires sont régulièrement profondément modifiés pour s'adapter aux nouvelles technologies et au développement des nouveaux armements. Il y a donc une activité permanente d'études sur ces programmes militaires.

***

L'une des difficultés majeures du développement des appareils militaires est liée à l'organisation industrielle, tout particulièrement lorsqu'il s'agit de programmes en coopération. Autant, dans le domaine civil, le « risque » dans la coopération est de se faire prendre sa technologie, autant, pour les affaires militaires, il peut s'agir de sécurité nationale. Il s'agit donc de choisir des partenaires parfaitement dignes de confiance. Nous aborderons plus en détail ces différents aspects dans le chapitre sur l'organisation industrielle.

Dans le domaine militaire, les États-Unis sont d'accord pour coopérer, à la condition de garder la mainmise sur toute la technologie avancée. Cela ne plaît pas à tous les États qui n'acceptent pas qu'on leur vende des avions militaires (qui coûtent extrêmement cher !), mais qui ne sont pas équipés de la technologie de pointe, interdite à l'exportation, comme c'est le cas pour le chasseur F35 (cahier photo n° 1) et son système d'armes. C'est ce qui fera encore les beaux jours de l'industrie aéronautique militaire européenne.

***

Les industriels doivent tenir compte dans leur organisation de méthodes de travail assez différentes de celles de l'aviation de transport ou d'affaires. Par exemple, si une modification est jugée nécessaire par l'industriel sur un avion commercial, il la fait, puis il peut éventuellement recommander aux compagnies aériennes de faire un rétrofit sur les avions déjà en service. Sur un avion militaire, après la phase de développement, l'avionneur n'a plus une totale liberté de faire une modification sur un avion déjà approuvé. Il faut pour cela l'autorisation des armées, ce qui prend souvent du temps, de l'énergie et, bien entendu, augmente très significativement les coûts car les procédures de décision sont longues et complexes.

***

Finalement, dans le domaine militaire, surtout pour les avions de combat, les investissements sont plus importants que dans l'aviation commerciale car il faut prendre en compte le développement des systèmes d'armes et armements associés. De plus, le cycle de conception et de mise au point est sensiblement plus long. Mais heureusement, en général, le client final finance ces différentes étapes du développement.

L'AVIATION GÉNÉRALE

L'aviation générale va du petit biréacteur d'affaires au biplace école. Le lancement d'un nouvel appareil ne peut pas se faire comme pour un avion commercial. Les clients n'ont habituellement pas la compétence technique pour établir des spécifications, contrairement aux compagnies aériennes qui connaissent bien le réseau sur lequel elles veulent opérer, et les performances nécessaires pour leurs avions.

De même, il est très difficile de faire des études de marché fiables car des évènements extérieurs peuvent tout bousculer sans préavis. Par exemple, en 1983, Cessna, le plus grand constructeur d'avions légers à cette époque, a été condamné à une amende absolument astronomique aux États-Unis parce que le siège du pilote d'un avion vieux de quatorze ans s'était déverrouillé à l'atterrissage, causant un accident qui a fait trois morts. Immédiatement, les coûts d'assurance sont devenus tels pour les constructeurs américains que certains ont décidé d'arrêter la production d'avions légers. La fabrication a également considérablement ralenti dans le monde entier, le marché principal étant aux États-Unis. D'ailleurs, certains constructeurs dont la production se limite aux avions ou hélicoptères légers ont décidé de ne plus s'assurer. Cela fait qu'aucun avocat américain n'a intérêt à les attaquer car tout ce qu'il pourrait récupérer, ce sont les clés de l'usine et pas des espèces sonnantes et trébuchantes à se mettre dans la poche ! Après ce désastre industriel, il a fallu attendre environ dix ans pour qu'une modification des lois américaines, limitant la responsabilité des constructeurs dans le temps, permette une timide reprise.

De même, les crises financières, peu prévisibles, conduisent à retarder les achats d'avions d'affaires. Par ailleurs, certains États décident quelquefois de taxer les avions d'affaires, pour s'apercevoir, après quelques années, que les avions sont immatriculés ou basés chez les voisins ! Il s'agit donc d'un marché beaucoup moins stable que celui de l'aviation commerciale qui connaît une croissance à peu près régulière de 5 à 6 % par an.

***

Le lancement d'un nouvel avion repose plus sur le ressenti des dirigeants de la société que sur des processus bien établis de préparation comme cela se fait avec les compagnies aériennes. Cela n'empêche pas, éventuellement, de discuter avec des clients privilégiés pour conforter son opinion.

Mais il faut se méfier des évidences. Je vais l'illustrer avec un exemple personnel. Vers 1985, j'étais directeur technique de la Socata, à l'époque filiale aviation générale d'Aerospatiale. Porsche gagnait beaucoup de Grands Prix de Formule 1, et avait décidé de modifier l'un de ses moteurs pour l'avionner. Un magnifique 6 cylindres à plat, refroidissement par air, système d'injection électronique. Le projet m'enthousiasmait. Mon président était plus réticent, mais il m'avait autorisé à lancer l'avant-projet. Alors que nous venions de lancer les études préliminaires, nous avons livré à un industriel allemand notre premier TB21 (version du TB20 à moteur turbocompressé), pour remplacer son TB20 (cahier photo n° 1). Le soir, au restaurant, je lui ai parlé de notre projet. Son épouse avait une Porsche. C'était le client idéal : Allemand, fidèle de Socata et de Porsche. Sa réponse a été catégorique : pas question ! Il n'était pas complètement convaincu de la fiabilité du moteur. Pour moi, ce fut la douche froide. Plus tard, nous avons abandonné le projet car Porsche n'avait pas voulu suivre nos recommandations, et avait fait des modifications rendant le moteur beaucoup trop lourd compte tenu de sa puissance. Un autre constructeur a voulu installer ce moteur, mais ce fut un échec, tout à fait prévisible. Pourtant, je reste persuadé que ce moteur avait la capacité d'être utilisé dans l'aéronautique, mais une meilleure coopération entre avionneur et motoriste aurait été nécessaire.

Un autre exemple est donné par l'article en annexe sur le lancement du TBM700 (cahier photo n° 2) par Socata, fait dans le plus grand secret, sans poser de questions aux éventuels clients, et avec seulement une étude de marché assez sommaire.

***

Dans ce type d'aviation, les futurs clients ont rarement des avis réellement motivés. Prenons un exemple. Aujourd'hui, certains types d'avions légers sont équipés d'un parachute de secours que le pilote peut activer en cas de perte de contrôle ou éventuellement de panne de moteur. Maintenant, ce dispositif a fait ses preuves. Mais, si l'on avait consulté les clients avant d'en équiper les avions, qu'en auraient-ils pensé ? Certains auraient été en faveur de ce système. D'autres auraient catégoriquement refusé par peur d'un déploiement intempestif. Seul un bureau d'études habitué à analyser les risques est en mesure de prendre une bonne décision.

Il y a beaucoup de situations similaires dans la vie, certains vont s'enthousiasmer pour la nouveauté, et d'autres vont absolument refuser le changement. Finalement, comme en politique (!), les raisonnements ne sont pas toujours très rationnels.

***

Contrairement au transport aérien qui affiche un bon taux de croissance avec seulement des ralentissements minimes, l'aviation d'affaires subit en permanence les effets de la conjoncture économique. Une petite crise financière et les ventes s'effondrent pendant quelques années. Ce n'est pas le cas pour le transport où les constructeurs ont un carnet de commandes rempli pour les sept à dix ans à venir. D'ailleurs, dans le domaine de l'aviation générale, beaucoup de constructeurs adossent leur activité à de la sous-traitance au profit des constructeurs d'appareils de transport ou militaires, qui est considérablement plus rentable.

Dans l'aviation d'affaires, il y a assez peu de nouveaux programmes développés à partir d'une feuille de papier blanc.

Par exemple, Dassault Aviation développe sa gamme Falcon en faisant en permanence évoluer les versions depuis le Falcon 20 (qui date du milieu des années 1960). Avec cette politique d'évolutions permanentes (avec quelquefois des modifications très importantes), il est plus facile de construire les avions adaptés aux souhaits des clients. Généralement, c'est plus de place, plus de distance franchissable. Certains veulent toujours le modèle le plus performant. C'est plus cher, mais ils ne comptent pas !

Cette évolution progressive permet de limiter les risques dans le développement. Cependant, il y a toujours des sauts technologiques obligés. Un exemple marquant fut le « *glass-cockpit* » (écrans et systèmes de navigation numériques) remplaçant les nombreux petits cadrans, il y a maintenant longtemps. Plus récemment, il y a eu le passage aux commandes de vol électriques pour les avions d'affaires haut de gamme.

***

L'aviation légère ne s'est jamais vraiment remise de cette crise de 1983 mentionnée au début. De plus, à la même époque, croyant bien faire pour améliorer la sécurité, les agences de certification ont fortement durci la réglementation pour les avions légers. Le résultat final est que plus personne n'investissait dans le développement d'un nouveau type d'avion léger. La rentabilité de l'investissement ne pouvait être assurée qu'avec un modèle haut de gamme. Par exemple, pour la Socata, il n'était pas question de concevoir un nouvel avion léger à moteur à pistons. C'est ainsi que nous avons évolué vers un appareil rapide à turbopropulseur, le TBM700.

Un peu plus tard, la reprise est venue grâce aux ULM (Ultra Légers Motorisés). Leur masse maximale est limitée, mais aujourd'hui certains d'entre eux ont une aérodynamique digne des meilleurs avions légers (et quelquefois bien meilleure !). Les contraintes d'homologation sont réduites au minimum, ce qui diminue sensiblement leurs coûts de développement, d'achat et d'exploitation. Et ils sont maintenant très répandus.

Ces dernières années, les autorités de certification ont pris conscience du mal qui avait été fait par cette forte exagération dans la réglementation dans une recherche de la perfection, et des simplifications se font progressivement. C'est malheureusement encore trop lent et insuffisant pour faire repartir solidement l'activité industrielle.

Aujourd'hui, le marché est vraiment étroit car la production est faible, et donc les produits sont chers. Il est difficile de casser cette logique infernale. La production s'appuie beaucoup sur les écoles de pilotage. En effet, compte tenu de la croissance du transport aérien, il y a un besoin énorme de formation de pilotes de ligne et, devant la pénurie qui s'annonce, les écoles tournent bien. Évidemment, il leur faut des avions d'entraînement monomoteurs et bimoteurs. Assurer la rentabilité d'un nouveau programme d'avion léger (hors ULM), est quasiment impossible sans avoir la clientèle des écoles. La conception doit en tenir compte.

***

Pour ajouter quand même une pointe d'optimisme, il faut noter que, dans le domaine des équipements de bord, l'aviation générale est souvent en avance sur l'aviation commerciale en raison de moindres contraintes de développement et de certification. Un bon exemple est l'installation de systèmes de navigation par GPS ayant une très grande précision. La performance des GPS installés dans les avions peut maintenant être améliorée grâce à des satellites géostationnaires, par exemple EGNOS (*European Geostationary Navigation Overlay Service*) pour l'Europe, et WAAS (Wide Area Augmentation System) pour l'Amérique du Nord, associés à des stations sol. Le principe est simple. Ces satellites calculent la correction locale pour l'avion à partir d'informations de recalage transmises par des stations sol, et ils les envoient à l'avion. Ces informations permettent au GPS d'avoir une position dans l'espace quasi parfaite. La précision finale est de l'ordre d'un mètre (au lieu d'écarts d'environ 20 mètres et quelquefois plus pour le GPS « classique ») avec, de plus, une garantie d'intégrité du signal. Cela a ouvert la voie à de nouvelles méthodes d'approche de précision. Mais, si ce système est maintenant assez répandu dans l'aviation générale (je l'ai sur mon TB20 depuis quelques années), peu d'avions de transport civils en sont équipés.

Cet exemple d'amélioration des performances du GPS est d'ailleurs une démonstration intéressante des conséquences de l'excès de réglementation. Elle peut nuire à l'amélioration de la sécurité. Sur un avion de transport, le développement (modification du calculateur de navigation) et la certification de ce système nécessite de gros investissements, compte tenu de la réglementation associée. Au contraire, pour l'aviation générale, les constructeurs de l'avionique peuvent plus facilement faire approuver leur système, et le coût final pour l'opérateur est de moins de 5 000 €!

ASSURER LA SÉCURITÉ ET LA RÉGULARITÉ

Les concepteurs de n'importe quelle machine volante doivent en toute priorité assurer la sécurité. Évidemment, les exigences sont différentes selon qu'il s'agit d'un monomoteur utilisé pour le loisir ou d'un gros-porteur transportant des passagers payants. Il y a en fait une progression dans le niveau de réglementation qui dépend à la fois de la taille de l'appareil et de son usage. Ainsi, il est tout à fait acceptable de ne pas soumettre un avion de transport de fret aux mêmes règles qu'un avion de transport de passagers, en tenant compte toutefois des dégâts qu'il peut causer lors d'un éventuel crash. Il y a une gestion du risque qui est aujourd'hui parfaitement maîtrisée par la longue expérience des opérations aériennes.

Dans le domaine des appareils militaires, les règles se sont rapprochées des exigences civiles. Mais il faut bien accepter un niveau de risque supérieur lorsqu'on fait du suivi de terrain à très basse altitude ou que l'on opère de l'armement. À cela, il faut ajouter que les pertes en vies humaines sont de moins en moins acceptées, même si les avions de combat disposent d'excellents sièges éjectables. Finalement, il faut aussi tenir compte du coût de ces appareils militaires : de l'ordre de 150 millions d'euros pour un avion de combat, soit environ la moitié du prix catalogue de certains gros-porteurs. Ce prix très élevé conduit à les concevoir avec des règles similaires, dans le principe, à celles des avions civils au niveau des redondances : de simples pannes ne doivent pas conduire à la perte de l'appareil.

***

Les règles de conception des appareils civils qui assurent la sécurité ont été traduites en règlements de certification qui sont assez anciens. Ces règles ont assez peu changé depuis quelques dizaines d'années.

Par comparaison à la complexité globale d'un avion ou d'un hélicoptère, le règlement de certification est relativement simple. Il faut d'ailleurs se méfier des règles trop contraignantes car elles peuvent brider l'innovation, et elles pourraient même être un frein à l'amélioration de la sécurité.

Le principe général qui prévaut est que toute panne ou combinaison de pannes qui pourrait arriver sur une flotte d'avions ou d'hélicoptères de transport d'un type donné, pendant toute sa vie, ne doit pas avoir de conséquence catastrophique, c'est-à-dire qu'elle ne doit pas conduire à un accident mortel.

Pour cela, des règles très précises ont été élaborées. Bien que cela puisse paraître étrange, elles sont basées sur des méthodes statistiques. D'abord, une simple panne ne doit pas avoir de conséquence catastrophique. Pour chaque combinaison de pannes, la probabilité d'une catastrophe aérienne doit être inférieure à un pour un milliard d'heures de vol. Pour comparer avec l'activité aérienne réelle, à titre d'ordre de grandeur, trente ans après la mise en service, une flotte de 8 000 Airbus A320 et dérivés a effectué environ 220 millions d'heures de vol. Cette probabilité d'accident, que les bureaux d'études doivent démontrer pour la certification, est un maximum absolu et, par conséquent, des marges sont prises pour garantir l'approbation par les autorités, ce qui conduit, en fait, à des probabilités bien inférieures.

Cette approche probabiliste instaurée par la réglementation est-elle efficace ? La réponse est indiscutablement : oui. Il est vrai que, dans un passé très éloigné, il y a eu des pannes catastrophiques sur des avions. Mais les types d'avions de transport qui ont été conçus depuis le début des années 1980, et dont plusieurs dizaines de milliers sont en service aujourd'hui, n'ont jamais subi de telles pannes. S'il est exact que, quelquefois, des pannes ont conduit à des accidents, elles ont toujours été associées à de sérieuses défaillances humaines, par exemple un non-respect des procédures, au sol ou en vol. À noter qu'en 2017, il n'y a eu aucun accident mortel sur des avions de transport de plus de 20 places. Les avions sont franchement moins dangereux que les véhicules terrestres et les armes à feu !

Prenons un exemple de ce type de conception : le circuit électrique. L'électricité est fournie par plusieurs génératrices entraînées par les moteurs et, éventuellement, par la petite turbine auxiliaire qui se trouve à l'arrière du fuselage : l'APU (*Auxiliary Power Unit*). La probabilité de les perdre toutes est infime, mais supérieure à celle autorisée pour la certification. Par conséquent, tous les avions de transport sont équipés d'une génération électrique de secours. La conception diffère selon les appareils, mais elle consiste souvent en une petite « éolienne » qui sort sous l'aile ou sous le fuselage et qui est entraînée par le flux d'air. Ce système est appelé « *Ram Air Turbine* » (RAT). À la date d'écriture de ce livre, début 2018, ce système de secours n'a jamais été utilisé en vol (en dehors de vérifications volontaires) sur plus de 10 000 Airbus à commandes de vol électriques livrés, ayant effectué près de 400 millions d'heures de vol. Mais il reste considéré comme indispensable pour assurer le niveau de sécurité requis.

***

Nous avons vu que, dans la mesure du possible, la réglementation ne devait pas être trop contraignante. Pourtant, dans certains domaines, elle a été écrite à une époque où l'on n'imaginait pas que de nouvelles technologies allaient émerger. Un bon exemple est celui des commandes de vol. La réglementation de certification assume que les servocommandes des gouvernes sont encore actionnées par des bielles et des câbles. Mais aujourd'hui, tous les nouveaux avions de transport ont des commandes de vol électriques, et certaines règles ne peuvent pas être appliquées. Nous verrons dans le chapitre « LA CERTIFICATION » que des procédures particulières sont prévues pour couvrir ce cas.

***

Assurer la sécurité passe en particulier par une standardisation qui devient de plus en plus poussée pour pilotes et mécaniciens, afin d'éviter les risques d'erreur en passant d'un type de machine à un autre. Un exemple bien connu des anciens pour l'illustrer. Autrefois, les horizons artificiels russes fonctionnaient, en roulis, à l'inverse des horizons occidentaux. On peut imaginer, il y a de très nombreuses années, un pilote russe essayant de revenir à inclinaison nulle sur un avion occidental alors qu'il vole dans les nuages, et donc à l'aide de son horizon artificiel. Par réflexe, en cas d'urgence, il pouvait avoir une action sur le volant ou le manche dans la mauvaise direction et aggraver ainsi la situation.

Beaucoup de normes de standardisation sont aujourd'hui inscrites dans la réglementation. Mais d'autres résultent simplement d'une convention non écrite entre constructeurs et compagnies aériennes. D'une manière générale, c'est rarement l'évolution de la réglementation qui contribue à l'amélioration de la sécurité, mais plutôt les constructeurs et les équipementiers qui ont bien souvent une longueur d'avance dans le développement. Les règlements ne font qu'entériner ce qui a déjà été fait par certains. Prenons un exemple. Le TCAS (*Traffic Collision Avoidance System*) est un équipement qui donne des ordres de manœuvre aux pilotes pour éviter les collisions entre avions grâce à une coordination entre les TCAS des deux avions. Un industriel l'a mis au point, des constructeurs l'ont monté sur leurs appareils car ils ont considéré que c'était une amélioration significative pour la sécurité, des compagnies aériennes ont même rétrofité des avions plus anciens, conscientes des avantages. Et finalement, l'administration a légiféré et l'a rendu obligatoire au début des années 1990. Le règlement ne pouvait pas imposer un système avant qu'il n'ait été inventé ! Les normes du TCAS se sont alignées sur ce qui avait été fait par l'équipementier.

***

Évidemment, un avion ne peut pas toujours être en parfait état compte tenu de sa complexité. Tout se passe comme dans une maison ou un appartement avec une ampoule grillée, un radiateur qui ne fonctionne plus ou la machine à laver qui donne des signes de faiblesse. Certes, les objectifs de fiabilité de tous les systèmes installés dans les avions sont sans commune mesure avec ceux des appareils domestiques, mais il est certain qu'ils peuvent tomber en panne.

Sauf exception, l'opération d'un avion ne doit pas s'arrêter à l'occasion d'une panne. Comment expliquer à 500 passagers d'un A380 que leur vol est annulé ou reporté parce qu'un « simple » calculateur ne fonctionne plus ? Indépendamment de la gêne pour les passagers, un retard, même limité, peut coûter très cher à la compagnie aérienne avec les frais d'hôtel, de repas, les vols de correspondance, etc.

Les compagnies sont extrêmement exigeantes en matière de régularité d'exploitation. C'est bien normal car beaucoup de voyageurs ont des correspondances avec des marges faibles. Un retard de 15 minutes est habituellement acceptable mais, au-delà, passagers et compagnie aérienne peuvent commencer à avoir des problèmes. À titre d'ordre de grandeur, les compagnies exigent que la probabilité d'un retard de quelques minutes, dû à l'avion proprement dit, ne soit pas supérieure à 0,5 % par vol, avec quelquefois un objectif encore plus strict. Tout cela sachant qu'elles doivent ajouter les retards possibles dus à de multiples autres causes : trafic aérien, météorologie, retard de passagers, avitaillement carburant, chargement des bagages, grèves (!), etc.

Il faut donc concevoir des avions dont l'exploitation est sûre, même avec des pannes. C'est une difficulté pour les concepteurs qui peuvent être confrontés à une multitude de combinaisons de pannes. Les appareils de transport doivent avoir des redondances dans pratiquement tous les domaines afin de pouvoir partir même avec une panne, voire plusieurs, sur un système.

Prenons un exemple pour illustrer l'architecture des systèmes permettant d'obtenir de tels résultats. L'Airbus A380 et l'A350 ont des commandes de vol électriques, c'est-à-dire que les ordres des pilotes sont envoyés à des calculateurs qui, eux-mêmes, activent les gouvernes. Pour ces deux avions, il aurait été possible de satisfaire les objectifs de sécurité et de certification exposés précédemment avec quatre calculateurs de commandes de vol. Mais il a été décidé d'en installer sept de trois types différents, n'importe lequel d'entre eux permettant, à lui seul, le pilotage de l'avion en toute sécurité. Chacun d'eux comporte un système de contrôle qui lui permet de s'assurer en permanence de son bon fonctionnement et, sinon, de « passer la main » à un autre calculateur. Il y a trois calculateurs principaux, et n'importe lequel d'entre eux remplit l'intégralité des fonctions de pilotage. Chacun des trois calculateurs secondaires ne remplit pas toutes les fonctions, mais l'avion peut être piloté facilement et en sécurité avec un seul d'entre eux. Il a été décidé d'avoir des calculateurs de type différent pour les principaux et secondaires, de façon à ce que, si un bug affectait l'un des types, l'autre ne soit pas concerné (c'est le principe de dissimilarité appliqué à tous les avions à commandes de vol électriques). Enfin, le septième calculateur, analogique, est, en quelque sorte, un dernier secours (mais qui fonctionne remarquablement bien !). Compte tenu de toutes ces redondances, partir en vol avec un, voire deux, calculateur(s) hors service est autorisé car la sécurité reste parfaitement assurée. Si Airbus avait installé le nombre minimal de calculateurs, dans le cas d'une simple panne, les 500 passagers restaient au sol. Cela ne serait évidemment pas acceptable pour une bonne gestion de la compagnie aérienne (et pour qu'elle conserve ses clients !).

***

Un appareil est donc autorisé à voler et transporter des passagers avec certaines pannes. Mais, il y a quand même des règles particulières à suivre qui ont été définies par le constructeur. Prenons quelques exemples.

S'il s'agit d'un calculateur de commandes de vol, il n'y a généralement aucune limitation compte tenu du nombre de redondances disponibles. Cependant, pour certaines pannes, le maintien du même niveau de sécurité nécessite de prévoir une restriction d'utilisation. C'est le cas, par exemple, s'il y a un frein défaillant sur un A380. L'avion dispose de 16 roues freinées, et perdre un frein va très légèrement réduire la capacité de décélération. Ainsi, la distance de freinage sera augmentée pour un freinage d'urgence en cas de décollage interrompu. Il peut donc être nécessaire de réduire très légèrement la masse maximale au décollage, sachant que cette diminution permet de réduire les vitesses de décollage, et donc les distances d'accélération et de freinage en cas de décollage interrompu. Dans la pratique, quel que soit le type d'avion, cette restriction a rarement des conséquences car les appareils ne sont pas utilisés systématiquement dans des conditions limitatives au décollage. Les mêmes restrictions pourraient éventuellement s'appliquer à l'atterrissage.

Pour prendre la décision de départ ou non avec une panne, le pilote de ligne dispose de ce qu'on appelle la MEL ou « *Minimum Equipment List* ». Ce gros document, dont la base a été établie par le constructeur (et sur lequel les compagnies peuvent éventuellement apporter des restrictions), détaille, pour chaque équipement, les conditions de départ avec une panne. Il y a de nombreuses variantes. Par exemple, comme nous l'avons déjà vu, pas de limitation ou une restriction de masse au décollage. Il peut y avoir d'autres conditions comme la nécessité de vérifier avant le départ tel ou tel équipement de secours. Cela peut être aussi une facilité pour le retour à la base principale où un équipement de rechange est disponible, dans la mesure où il n'y a pas de réel problème de sécurité. Lorsqu'il n'y a pas de restriction, il y a systématiquement des limitations de durée pour changer l'équipement ou réparer, par exemple trois ou dix jours. Le but est de ne pas profiter de cette MEL pour voler en permanence avec la panne, ce qui ne serait plus en ligne avec les objectifs de sécurité puisque nous avons vu qu'ils s'appuyaient sur des calculs de probabilité.

***

Une attention particulière est apportée à l'utilisation opérationnelle afin de s'assurer que les risques d'erreurs sont minimisés. Ceci est particulièrement important s'il y a des changements conséquents dans les conditions d'opération de l'appareil. C'est ce qui a été fait avant la certification de l'A320. Aujourd'hui, les évolutions ne sont pas si importantes qu'à cette époque. Néanmoins, tout est scruté avec attention. Ce sont des spécialistes des « facteurs humains » (*Human Factors*) qui se chargent de ces études. De multiples scénarios sont établis, et des pilotes « cobayes » de différentes compagnies et de l'administration viennent les exécuter dans les simulateurs de développement. Je n'ai jamais vu un concept déjà installé sur un avion rejeté en bloc par ces études. Néanmoins, des remarques sont faites par les participants, et elles conduisent quelquefois à des améliorations sur les systèmes proposés.

L'AMÉLIORATION PERMANENTE DES PERFORMANCES

Compte tenu des gigantesques investissements nécessaires pour un nouveau programme, son lancement n'a de sens que si on apporte des améliorations de performances significatives par rapport à la génération précédente.

La notion de performances recouvre beaucoup de choses différentes selon le type de machine.

***

Pour un avion de transport civil, le plus souvent, améliorer les performances consiste à réduire la consommation de carburant pour des conditions de vol données. Les gains obtenus grâce à l'aérodynamique, conduisant à une diminution de la traînée (force de friction sur le fuselage, les ailes et l'empennage), sont souvent limités, même si une réduction de 1 % sur la durée de vie de l'avion ne doit absolument pas être négligée. Il peut y avoir des réductions de masse, et donc des améliorations de performances, grâce à l'utilisation de nouveaux matériaux. Mais aujourd'hui, les améliorations passent essentiellement par une modification des moteurs avec souvent une augmentation du diamètre du fan, et souvent d'autres évolutions sur les matériaux, l'aérodynamique des pales, etc.

De nouveaux concepts de moteurs ont vu le jour, avec des succès divers. Le « *geared turbofan* », sur lequel le fan est entraîné à une vitesse plus faible grâce à un boîtier d'engrenages afin qu'il soit plus efficace, est installé depuis de nombreuses années sur certains avions d'affaires. Ce type de moteur est proposé par Pratt & Whitney pour l'A320NEO (cahier photo n° 1).

En raison de la forte concurrence entre les différents motoristes, les améliorations de performances sont significatives. Par exemple, les différents moteurs équipant les modèles NEO de l'A320 et MAX du B737 consomment environ 15 % de moins que ceux de la génération précédente dont les versions de base ont été mises en service vers 1985. À noter que cette nouvelle génération de moteurs réduit également très significativement les émissions de gaz polluants.

***

La performance des avions ne se limite pas à une simple réduction de la consommation, même si elle est souvent nécessaire pour obtenir d'autres améliorations. Ainsi, les compagnies aériennes veulent aller plus loin avec des appareils adaptés. Par exemple, Singapore Airlines souhaite faire des vols directs vers les États-Unis, soit une durée de dix-neuf heures environ. Les avions « classiques » ne peuvent pas faire de vols aussi longs. Airbus a ainsi développé l'A350-900 ULR (*Ultra Long Range*) pour satisfaire ce besoin. De même, Qantas, compagnie australienne, souhaite faire des vols sans escale vers l'Europe. Boeing et Airbus ont fait des propositions.

Un autre exemple intéressant et récent est le développement d'avions transatlantiques de capacité relativement faible pour partir d'aérodromes secondaires ou atterrir sur de tels terrains, donc en évitant les grands *hubs*. Nous détaillerons plus loin quelques aspects du développement de l'A321NEO LR (*Long Range*) qui répond à ce besoin.

La recherche de la capacité a été à l'origine du programme A380. Le nombre de passagers transportés double tous les quinze ans. Certains aéroports sont saturés et il n'y a plus de créneaux d'atterrissage disponibles. C'est le cas par exemple de Londres Heathrow qui n'a que deux pistes. Pour amener tous leurs passagers, les compagnies doivent utiliser de très gros porteurs. Toutes celles qui ont des A380 les utilisent pour atterrir à Londres. Ainsi, tous les jours, début 2018, il y avait 25 A380 qui arrivaient à Heathrow.

***

D'autres améliorations de performances sont recherchées. L'émission de bruit au décollage et à l'atterrissage en fait partie. Les progrès ont été considérables ces dernières années, et tous les avions en service actuellement sont très en dessous des normes. Cependant, certains aérodromes ont des systèmes de pénalités. C'est le cas à Londres Heathrow. Pour une compagnie aérienne, passer d'une catégorie de niveau sonore à une autre avec un niveau plus faible peut donner accès à des créneaux horaires plus adaptés à ses opérations. Pendant la mise au point de l'appareil, un très gros travail est fait par les constructeurs pour réduire ce niveau sonore.

L'aviation ne contribue qu'à 2 % des émissions de gaz à effet de serre. Des objectifs ambitieux ont été fixés en Europe : diviser par deux les émissions de CO2 et réduire de 80 % les émissions d'oxydes d'azote (NOx). Ces améliorations de performances ne sont pas obtenues uniquement par des évolutions sur les avions ou les moteurs, mais également grâce à une meilleure gestion du trafic aérien.

***

L'amélioration des performances au décollage fait bien souvent partie des spécifications des compagnies aériennes, en particulier pour les avions long-courriers. Elles doivent pouvoir décoller à la masse la plus élevée possible sur tous les terrains qu'elles exploitent. En effet, tous ces avions ne transportent pas que des passagers. La place restant dans les soutes est utilisée pour le fret. Et plus on en met, plus cela paie ! Chaque kilo supplémentaire transporté pendant toute la vie de l'avion rapporte une fortune.

Les distances d'atterrissage sont assez rarement un point critique sauf sur des aérodromes très particuliers.

***

De très nombreuses améliorations de performances reposent sur une réduction de la masse. C'est un point que tous les concepteurs de machines volantes ont en tête en permanence. Pour fixer les idées, pour transporter une masse supplémentaire d'un kilogramme sur un vol transatlantique, il faut ajouter environ 400 grammes de carburant. Ce chiffre peut monter à 600 ou même 800 grammes pour un très long vol. Un allègement de la structure d'un kilogramme permet donc de réduire très significativement la consommation, ou bien de transporter un supplément de fret. Dans les deux cas, il y a un gain important pour l'opérateur. Une diminution de la masse permet également, pour une même charge utile de réduire les distances de décollage. On y gagne sur tous les tableaux.

Dès le début du projet, plusieurs ingénieurs surveillent attentivement les masses de tous les éléments qui s'affinent progressivement avec la définition de plus en plus détaillée de toutes les pièces et des équipements. Si les chiffres dérivent trop, il faut quelquefois remettre en cause la conception de certains systèmes. Ce n'est pas exceptionnel dans tout nouveau programme d'envergure.

***

Dans le domaine des avions de combat, les problèmes sont assez différents.

Bien entendu, la réduction de la masse à vide de l'appareil est fondamentale pour les mêmes raisons que pour les avions de transport. Tout kilo gagné sur la structure permet d'emporter plus d'armement ou plus de carburant pour augmenter la distance franchissable.

Les premiers avions de combat à réaction avaient une autonomie ridicule. Pour la petite histoire, pendant mon stage de pilote d'essais en Angleterre, j'ai eu l'occasion de faire quatre vols sur le biréacteur *English Electric Lightning*, avion d'interception du début des années 1960 (cahier photo n° 1). Un avion extraordinaire, en son temps, en raison de ses incroyables capacités d'accélération. Mais mon temps de vol total a été de 2 heures, soit 30 minutes en moyenne par vol (incluant 5 minutes au sol !). Je vous laisse imaginer la distance franchissable, même si une petite partie de chaque vol a été faite en supersonique ! Aujourd'hui les moteurs à double flux qui équipent tous les avions de combat assurent une bonne autonomie. Mais elle est rarement suffisante pour atteindre les théâtres d'opérations en partant des bases arrière. Seul le ravitaillement en vol, dont tous ces avions de combat sont maintenant capables, permet, avec une bonne organisation, de remplir tous ces besoins opérationnels.

***

L'amélioration des performances des avions de combat porte sur toutes les qualités opérationnelles incluant le système d'armes et tout l'armement associé.

Une nouvelle nécessité est apparue au milieu des années 1970. L'avion devait être « furtif », c'est-à-dire très difficile à détecter par les radars. Le premier avion de ce type, le F117 (cahier photo n° 1), fut développé dans le plus grand secret par Lockheed. En le regardant, on a l'impression qu'il a été « découpé à la serpe » avec ses formes anguleuses ! Depuis, tous les avionneurs se préoccupent, au stade initial de la définition, de la furtivité de leurs nouveaux appareils. Bien que les chiffres soient généralement confidentiels, les informations sur le F22 *Raptor* américain (cahier photo n° 1), prétendent que sa signature radar est 1 000 fois plus faible que celle du chasseur F15 qui est sensiblement de même taille. De nombreuses « astuces » permettent d'arriver à ce résultat : les formes extérieures bien sûr, mais également une peinture absorbant les ondes radar, la suppression des rivets qui créent des aspérités, etc.

La capacité de détection du radar est un point fondamental. La difficulté est qu'il ne faut pas avoir une surface frontale trop grande pour des raisons de furtivité, alors que les performances du radar sont fortement liées au diamètre de l'antenne ! Les progrès de l'informatique permettent néanmoins d'avoir des radars très performants au prix d'une extrême complexité.

Les premiers avions de combat à réaction étaient équipés d'un simple canon. Les systèmes d'armes se sont progressivement complexifiés. Aujourd'hui, tous les appareils modernes sont capables d'utiliser différents types d'armements, atteignant les objectifs au sol ou en vol avec une extrême précision. Compte tenu de la diversité des menaces, ils doivent même être capables de traiter simultanément plusieurs cibles.

Autrefois, on distinguait plusieurs types d'avions de combat : interception, attaque au sol et reconnaissance. Cette dernière catégorie a maintenant disparu, et elle est remplacée par les images haute définition des satellites, et surtout par l'utilisation de drones, sans risque pour les équipages. Aujourd'hui, les armées se sont orientées vers des avions multifonctions capables de faire aussi bien de l'attaque au sol avec différents types d'armements, que l'interception d'appareils hostiles ou même de drones. C'est le cas en particulier du Rafale.

Les avions d'attaque au sol doivent disposer d'une capacité de suivi de terrain à très basse altitude et grande vitesse. La sécurité est assurée grâce à une base de données du relief et des obstacles, ainsi qu'à une fonction spécifique du radar.

Ajoutons à tout cela, pour rester dans le domaine aéronautique, qu'il faut mettre au point différents types de missiles qui doivent disposer de leur propre système de guidage pour atteindre très précisément leur cible.

Cette description n'est pas exhaustive car beaucoup d'autres équipements doivent être installés sur ces avions de combat. Pour donner une idée de la complexité de la conception de telles machines, on peut se baser sur leur prix de vente (hors négociations). À titre d'ordre de grandeur, vous avez deux Rafale pour le prix d'un A380. Le prix au kilo est sans commune mesure, et tout cela est lié à l'énorme travail nécessaire pour concevoir un avion de combat et son système d'armes.

***

Lorsqu'on produit un nouvel appareil de transport, il subit peu de changements techniques jusqu'à la fin de sa vie. Les cabines sont régulièrement refaites pour s'adapter aux modes et aux souhaits des clients, concurrence oblige. Mais les systèmes ne sont modifiés qu'en cas de nécessité, essentiellement dans l'hypothèse où la sécurité pourrait être mise en jeu. Les adaptations techniques peuvent aussi être liées à des évolutions. Par exemple, le GPS n'était pas disponible au moment où les systèmes de navigation de l'A320 ont été conçus, au début des années 1980. Une dizaine d'années après la mise en service, il était impensable de ne pas avoir de GPS car même les avions légers commençaient à en être équipés. Finalement, ces évolutions sont assez mineures.

Dans le domaine militaire, la situation est différente. Le cycle de développement du système d'armes d'un avion et de l'armement associé est souvent plus long que celui de la plate-forme, une quinzaine d'années. Les études doivent donc commencer très tôt. Lorsque l'avion entre en service, l'informatique embarquée n'est plus à la pointe du progrès. Sur ces appareils de combat, il y a donc régulièrement des modifications très importantes apportées, essentiellement sur le système d'armes. Elles sont évidemment installées sur les nouveaux appareils qui sortent de chaîne, mais les avions plus anciens subissent des chantiers assez longs de remise au standard. C'est un peu comme sur un téléphone portable, sauf que ces mises à jour ne sont pas aussi fréquentes, loin de là, et elles sont d'une très grande ampleur et fort coûteuses !

***

Dans le domaine des hélicoptères, même si la notion de performances ne recouvre pas toujours les mêmes paramètres, les grands principes sont les mêmes que sur les avions, avec ces différences entre appareils civils et militaires.

Le souci de réduire la masse doit être permanent pour les concepteurs, pour les mêmes raisons que sur les avions.

Le système d'armes d'un Tigre (cahier photo n° 1), est également très complexe. Plusieurs versions de cet appareil existent avec essentiellement des différences sur le système d'armes en raison soit de l'évolution de l'armement, soit de spécifications particulières d'un client. Son développement a nécessité de nombreux investissements. Et ce n'est certainement pas fini. Les versions livrées dans plusieurs années seront sans aucun doute sérieusement modifiées.

***

Les compagnies aériennes, les passagers et les armées sont de plus en plus exigeants et souhaitent en permanence des améliorations des performances des machines. C'est humain. Tout comme aujourd'hui, il y a de moins en moins de ventes de voiture sans GPS et sans régulateur de vitesse (il suffit d'écouter les pubs pour les voitures « suréquipées » !). Il faut satisfaire les clients.

La concurrence féroce entre constructeurs d'avions, de moteurs et de systèmes divers facilite grandement ces améliorations car, comme dans n'importe quelle société, celui qui n'évolue pas est condamné à disparaître.

Ainsi, l'amélioration des performances de toutes les machines volantes est inéluctable et va continuer sans relâche. Il y a du travail en perspective pour les jeunes techniciens et ingénieurs dans de multiples domaines : conception globale, matériaux, structure, commandes de vol, systèmes, installation de la cabine, armement, etc. À noter que la plus grosse partie de ce travail n'est pas toujours associée à un nouveau programme. Prenons l'exemple de l'A320, mis en service en 1988. De très nombreuses versions et modifications ont été préparées. Le nombre d'heures passé à préparer ces derniers développements est très largement supérieur à celui nécessité pour la mise en service initiale.

SATISFAIRE LES CLIENTS

Dans l'industrie aéronautique, comme dans tout autre domaine, on ne peut pas survivre si l'on ne satisfait pas les clients. Il peut être extrêmement difficile de se relever d'une occasion manquée, et la sanction ne viendra qu'à long terme. Lorsque des compagnies aériennes font le choix du constructeur qui les équipe, elles deviennent en quelque sorte « prisonnières » à moyen terme. Ainsi, easyJet a plusieurs centaines d'Airbus et beaucoup d'autres en commandes. De même, Ryanair s'est tourné vers Boeing. Mais imaginons, par exemple, qu'un des constructeurs décide, pour réduire ses investissements, de ne pas installer les nouveaux moteurs moins gourmands en carburant, sous prétexte qu'il a encore de nombreux appareils en commande. Il est vraisemblable que beaucoup de compagnies aériennes le « lâcheront ». Et, d'ici dix à quinze ans, il risque de disparaître de cette partie du marché.

Il faut donc proposer en permanence des appareils qui satisfassent les clients, que ce soit de nouvelles machines ou des évolutions. Et nous avons vu au début de ce livre comment les décisions de lancement étaient prises en fonction des souhaits des opérateurs.

***

Les opérateurs souhaitent réduire leurs coûts et, par conséquent, il faut concevoir des appareils qui les aident à atteindre leurs objectifs. Par exemple, une grande commonalité entre les différents types d'avions d'un constructeur est un avantage fondamental à de multiples titres. Passer d'un type d'avion à l'autre est très facile et rapide. Lorsqu'on est qualifié sur A320, il n'y a pas besoin d'un stage complet pour passer sur A330 ou même sur A380. Même principe pour Boeing entre le B777 et le B787. Les économies dans le domaine de la formation peuvent donc être très importantes car n'oublions pas que la compagnie doit disposer de 10 à 40 pilotes pour exploiter chaque avion (plus sur les long-courriers que sur les court-courriers). Pour cette raison, un certain nombre de compagnies standardisent leurs flottes : « Tout Airbus » ou « Tout Boeing » (bien que le niveau de standardisation chez Boeing soit plus faible en raison de la conception ancienne du B737, même s'il a été modernisé). Les équipages apprécient également d'avoir des procédures similaires sur les différents types d'avions d'un constructeur. Il y a évidemment des petites différences, mais le fait de ne pas tout avoir à réapprendre lors d'une nouvelle qualification est indiscutablement un avantage.

Cette commonalité des appareils ne doit pas empêcher les évolutions. À titre d'exemple, si le cockpit de l'A330 est vraiment similaire à celui de l'A320 car lancé très peu de temps après, il a été décidé de faire des modifications significatives pour l'A380 en raison de la disponibilité de nouvelles technologies. Mais les concepteurs ont pris soin de conserver un haut niveau de standardisation pour les opérationnels. Les pilotes doivent passer facilement d'un modèle à l'autre.

***

Indépendamment de toutes les contraintes de sécurité et de fiabilité, les constructeurs doivent concevoir des appareils aussi faciles à utiliser que possible. À la limite, ils doivent avoir la même attitude qu'avait Steve Jobs chez Apple : créer des systèmes dont le maniement est totalement intuitif. La tâche n'est pas aisée car les constructeurs ne décident pas des « règles du jeu » sur le calcul des performances, les informations à présenter à l'équipage, etc. Les règlements sont très stricts, et c'est un gros challenge pour les équipes en charge de la définition. Un exemple que je cite souvent car c'est un modèle du genre : l'interface du système de navigation (*Flight Management System* ou FMS) de l'A380 et maintenant de l'A350. Le bureau d'études d'Airbus et les pilotes d'essais ont effectué un travail remarquable car l'utilisation est très intuitive, et donc ne nécessite pas de se souvenir de multiples logiques avec des menus et des sous-menus. Cette interface est un peu différente de celle des avions précédents, mais les équipages apprécient beaucoup cette amélioration. Je n'ai personnellement pas participé à cette mise au point, étant occupé par d'autres tâches, mais je peux avouer maintenant, il y a prescription (!), que je n'ai jamais lu le moindre document avant d'utiliser ce FMS sur l'A380.

***

Les constructeurs doivent se préoccuper de la satisfaction du client final, c'est-à-dire du voyageur. Mais ceci est quelquefois difficile car, pour les avions de transport, l'aménagement des cabines est décidé par les compagnies aériennes qui ont leurs propres architectes, décorateurs et fournisseurs. Ainsi un bel avion peut être jugé inconfortable par les voyageurs parce que mal aménagé. Malheureusement, c'est la réputation de l'avion, et donc du constructeur, qui en pâtit !

***

Comme dans la vie courante, le niveau d'exigence des clients est très variable. Certains veulent se faire livrer un avion ou un hélicoptère quasi parfait. Malheureusement, la perfection n'est pas de ce monde, et cela donne lieu quelquefois à des discussions sérieuses lors des livraisons, éventuellement associées à des ristournes. D'autres opérateurs sont plus pragmatiques, et ils savent que l'appareil qu'ils achètent est avant tout un outil de travail pour rentabiliser une société, alors une petite rayure ici ou là n'a pas d'importance. Évidemment, la livraison d'un avion d'affaires doit être traitée différemment car, compte tenu du type d'utilisation et du prix, le client est en droit d'exiger une quasi-perfection.

Une petite histoire pour illustrer les exigences des clients. Quelques compagnies aériennes (très peu) sont très pointilleuses quant au niveau de vibrations du moteur lors de la livraison. Même s'il est très largement dans les tolérances, cela ne leur suffit pas. Il nous est ainsi arrivé de changer plusieurs fois des réacteurs préalablement à la livraison d'un avion avant d'en trouver un qui soit acceptable pour le client. Alors, pour l'A380, nous avons modifié l'indicateur de vibrations au cockpit, et l'aiguille reste dans la même position basse tant que les vibrations sont dans les tolérances, et il n'y a plus de valeur indiquée. Ainsi, lorsque tout va bien, les quatre aiguilles des indicateurs de vibrations sont parfaitement alignées, et cela devrait satisfaire les équipages. Malheureusement, cela ne suffit pas toujours pour certaines compagnies aériennes qui vérifient les valeurs exactes sur les enregistreurs !

LA CERTIFICATION

Les avions ou hélicoptères civils doivent être certifiés ou, au minimum, avoir une autorisation délivrée par une autorité. Cette autorisation peut être relativement simple à obtenir s'il s'agit d'un ULM (Ultra Léger Motorisé) ou d'un avion de construction amateur.

Pour les appareils militaires, une certification civile peut être faite pour les opérations qui sont similaires à celles des appareils civils et, pour les autres missions, des procédures particulières d'approbation sont prévues dans le contrat. C'est le cas par exemple de l'A400M, qui est certifié pour le transport de fret ou de troupes. Mais le ravitaillement en vol n'étant prévu par aucune réglementation civile, une procédure de qualification a été décidée après discussions entre le constructeur, les clients et les autorités pour s'assurer que cette mission peut être correctement effectuée, et en toute sécurité. Les démonstrations sont réalisées avec le même état d'esprit que pour la certification, c'est-à-dire la recherche d'un niveau de sécurité équivalent. Toutefois, il est admis que, pour certaines missions militaires, le niveau de sécurité requis soit plus faible que pour le transport civil.

***

En Europe, les règlements de certification sont établis par l'EASA (*European Aviation Safety Agency*). Si l'on excepte les avions très légers (dont nous n'allons pas parler ici), il y en a quatre pour les avions et hélicoptères, connus sous le nom de CS (*Certification Specifications*). Nous n'allons pas entrer dans les détails car, comme toujours, il y a des exceptions et des variantes, mais ces quatre règlements correspondent aux types d'appareils suivants :

- CS-23 : Avions de moins de 5,7 tonnes, hors avions très légers.
- CS-25 : Avions de plus de 5,7 tonnes.
- CS-27 : Hélicoptères de moins de 3,175 tonnes.
- CS-29 : Hélicoptères de plus de 3,175 tonnes.

Ces règlements CS sont quasiment identiques à ceux qui sont appliqués aux États-Unis, et qui sont connus sous le nom de FAR (*Federal Aviation Regulations*) : FAR Part 23, FAR Part 25, etc.

Cette réglementation est relativement simple, et elle a peu changé depuis des dizaines d'années. Elle est basée sur la réglementation américaine, et cela a permis une harmonisation mondiale dans les années 1990. Elle a été bienvenue car, auparavant, chaque grand pays européen avait des règles différentes de son voisin sur de nombreux points et, évidemment, également différentes de celles en vigueur aux États-Unis. Une vraie galère pour les constructeurs qui devaient certifier dans tous ces pays !

***

Les discussions pour la certification d'un avion ou d'un hélicoptère doivent commencer très tôt. En effet, le constructeur doit connaître rapidement les règlements applicables. Certaines règles évoluent, et on ne peut pas imposer une nouvelle contrainte la veille de la certification. Il est donc convenu que la réglementation applicable est celle en vigueur cinq ans avant la date de certification prévue. Avec un délai plus court, une évolution de la réglementation risquerait d'imposer des modifications importantes à une architecture de système déjà définie, ce qui ne serait pas correct.

***

Pour quelques nouveaux systèmes, aucune règle n'existe. Il faut alors définir une réglementation spécifique et adaptée, après concertation entre l'administration et le constructeur. Cela se fait à travers un document appelé « CRI » (*Certification Review Item*) où chacun expose son point de vue sur les propositions de l'autre partie. Tout cela doit converger vers une nouvelle règle de certification applicable uniquement au nouvel appareil ou à l'équipement. En pratique, il faut démontrer que le niveau de sécurité est équivalent à celui du règlement de base. En fait, en présence d'un nouveau système avec nécessairement des inconnues, il y a toujours un peu de « surenchère », ce qui est relativement logique. C'est la procédure qui a été suivie par exemple pour les commandes de vol électriques, et vous pouvez imaginer que pour la certification de l'A320, premier Airbus avec ce type de commandes, les discussions ont été longues et difficiles. Aujourd'hui, il n'y a toujours pas de règlement général sur les commandes de vol électriques mais, pour un nouvel Airbus, les règles sont pratiquement celles qui ont été acceptées à cette époque, et dont il a maintenant été démontré par l'expérience qu'elles apportent le niveau de sécurité souhaité. Les exemples de ce type de traitement d'innovations sont assez nombreux : les batteries Lithium Ion (qui ont été installées avec quelques difficultés sur certains avions) sont une autre illustration.

***

La certification impose de fournir à l'administration, l'EASA pour l'Europe et la FAA (*Federal Aviation Administration*) pour les États-Unis, toutes les justifications permettant de démontrer la sécurité d'utilisation de tous les systèmes, la résistance de la structure, etc. Mais, en pratique, les constructeurs européens ont une approbation, délivrée par l'EASA, pour la conception et la certification des avions qui est appelée « *Design Organization Approval* ». Ainsi, ils sont reconnus capables de concevoir un avion sûr qui pourrait théoriquement être certifié sans intervention de l'administration. Bien entendu, il est parfaitement normal que l'EASA exerce un contrôle, mais ses moyens en personnel limités ne lui permettent pas, par exemple, de rentrer dans le détail de tous les calculs de la structure. La surveillance s'exerce donc au niveau de l'organisation, du produit final et des résultats d'essais globaux des systèmes.

Pour les avions de transport, le cycle final de certification est très court. Les essais en vol s'étalent sur un peu plus d'une année. Or, avant d'effectuer les essais de certification, il faut d'abord mettre au point l'avion et ses systèmes. Les mesures de performances certifiées ne peuvent débuter qu'après la validation de la configuration aérodynamique, habituellement trois à quatre mois après le premier vol. La mise au point des différents systèmes est en général plus longue, et les essais de certification associés vont donc être effectués dans les derniers mois, et bien souvent jusqu'à la dernière minute. L'EASA souhaite un délai minimal d'un mois pour faire le point sur tous ces essais avant de délivrer le certificat de navigabilité. Les ingénieurs du bureau d'études n'ont pas le temps matériel de préparer tous les rapports de certification. Par conséquent, une revue de tous les résultats obtenus est faite avec les autorités de certification, appuyée par un court rapport préliminaire. Le rapport définitif, très complet, est préparé dans l'année qui suit.

À noter que, dans le domaine des essais en vol, les navigants des autorités de certification sont associés au développement. En effet, il n'est pas possible de leur demander d'effectuer des essais délicats sur l'avion sans un minimum de prise en main. Par conséquent, les constructeurs les font voler très tôt dans le programme, lors de vols de développement. Ils sont alors considérés comme des navigants du constructeur. Ils peuvent d'ailleurs donner leur opinion sur ce qu'ils voient mais, par déontologie, ces résultats ne figurent pas dans les documents de certification, même si cela peut orienter des demandes futures. À titre d'exemple, sur l'A380, dès le vol 12, l'un des pilotes de l'EASA était aux commandes, accompagné par un ingénieur navigant.

Le bureau d'études détermine les probabilités de toutes les pannes, ce qui oriente les évaluations pour la certification. Certaines sont validées sur un banc d'essais associé à l'équipement, ou par d'autres moyens. Pour certains capteurs, il est prévu de démontrer par des essais particuliers qu'ils répondent à des spécifications, qui peuvent être plus sévères que les normes de certification. C'est par exemple ce que l'on fait pour différents capteurs en conditions givrantes.

Le bureau d'études et les équipes d'essais en vol doivent discuter très tôt des méthodes de validation. D'abord, tout ne peut pas être fait en vol pour des raisons de sécurité, de délais, ou de difficulté technique. Donc il faut déterminer, avec l'accord de l'EASA, ce qui sera fait en vol et au sol, et en particulier au simulateur. Avant le début des vols, une liste de ces points d'essais en vol est établie, précisant la participation ou non des équipes EASA.

Mais, même au sol, il faut être raisonnable. Ainsi, on ne peut pas évaluer au simulateur toutes les pannes de commandes de vol à toutes les masses, tous les centrages, et dans tout le domaine de vol. Le bureau d'études doit donc déterminer les situations les plus critiques qui seront évaluées. Elles doivent couvrir l'ensemble des pannes possibles.

***

Il existe des accords bilatéraux entre États, et particulièrement entre États-Unis et Europe, permettant aux constructeurs ayant certifié un appareil dans un pays de ne pas reprendre l'ensemble du processus pour d'autres certifications. Les points de divergence entre l'EASA et la FAA portent aujourd'hui sur quelques détails. Dans certains cas, des justifications particulières sont demandées.

En raison de ces accords bilatéraux, le certificat de navigabilité américain pourrait être délivré sans aucun vol des équipes de la FAA. Mais il est logique que chaque administration garde un œil sur ce qui se passe de l'autre côté de l'Atlantique. Ainsi, pour des machines franchement nouvelles comme l'A380, la FAA a fait trois courtes campagnes de vol à Toulouse. Pour des machines plus classiques, elle ne viendra qu'une fois, vers la fin des essais de certification, et, pour des appareils dérivés ou des équipements, elle fera totalement confiance à l'EASA. La réciproque est vraie pour la certification des avions ou hélicoptères américains.

LES ÉTUDES PRÉLIMINAIRES ET LA RECHERCHE

Dans l'aéronautique, les constructeurs, les motoristes et les équipementiers investissent beaucoup dans la recherche. Elle peut être nécessaire pour des applications à court terme ou à très long terme, mais il peut également s'agir de recherche pure pour explorer de nouvelles pistes. De plus, un minimum de validation des nouveaux concepts est nécessaire avant de décider de leur utilisation sur un nouveau programme sous peine de prendre de gros risques sur le planning de développement. Il ne s'agit pas nécessairement d'avoir un système au point avant de prévoir son installation, mais il faut au minimum s'assurer que les principales difficultés potentielles ont été évaluées.

La recherche conduit fréquemment à des expérimentations en vol. Regardons quelques exemples qui permettront aux futurs ingénieurs de comprendre dans quel esprit elle doit être faite.

L'hélicoptère X^3 (cahier photo n° 1) développé par Eurocopter (maintenant Airbus) est sans aucun doute le meilleur exemple récent de recherche sur une nouvelle formule d'appareil. Le but était d'étudier des solutions pour augmenter la vitesse de croisière des hélicoptères par l'association d'un certain nombre d'innovations. Il s'agissait d'un appareil expérimental qu'il n'était pas prévu de construire en série. Il associait une formule d'hélicoptère permettant le vol stationnaire grâce au rotor, à deux hélices assurant la traction et donc la vitesse. C'est ainsi qu'il vola à 472 km/h en croisière (record du monde de vitesse en palier dans cette catégorie).

Le développement d'avions avec de nouvelles formules aérodynamiques est plus rare que par le passé. Dans les années

1950, on construisait plusieurs prototypes d'avions de chasse par an, juste « pour voir ». Aujourd'hui nous disposons d'outils de modélisation plus performants, et les coûts de construction sont devenus prohibitifs. En France, les derniers avions militaires totalement expérimentaux ont été les Mirage G, monoréacteur, et Mirage G8, biréacteur, (cahier photo n° 1) avec des ailes à flèche variable, au début des années 1970.

Un démonstrateur du Rafale, appelé Rafale A (cahier photo n° 1), a volé en 1986, soit environ cinq ans avant le premier avion de développement. Il a permis d'évaluer de nombreuses nouveautés et d'en tirer les leçons pour les avions de série. Ainsi, cet appareil avait des plans canards actifs (les petites surfaces devant l'aile), un manche latéral, un siège incliné afin que le pilote soit moins sensible au facteur de charge vertical. Il était équipé de moteurs General Electric F404 car ceux prévus pour le Rafale, les Snecma M88, étaient encore au stade de la mise au point en vol. Compte tenu de toutes les informations recueillies, les grands principes ont été retenus pour les avions de développement, et évidemment de série, mais un certain nombre de modifications ont été faites dont la réduction de la longueur du fuselage, de l'envergure, de la masse, etc. Près de 900 vols expérimentaux ont été effectués.

Aux États-Unis, dans le domaine militaire, il est fréquent que des constructeurs soient mis en compétition pour construire des appareils expérimentaux avec des spécifications proches des avions opérationnels souhaités. Ainsi, le chasseur F35 construit par Lockheed a été choisi après une compétition entre Boeing, qui a présenté le X32 (cahier photo n° 1), et Lockheed, le X35 (cahier photo n° 1). Les spécifications étaient particulièrement complexes car l'appareil devait être produit en plusieurs versions dont une à décollage vertical, ce qui impactait notablement la conception. Pour bien démontrer les caractéristiques des deux versions, chaque compétiteur devait construire deux appareils expérimentaux.

La mise au point des commandes de vol électriques numériques sur les premiers avions a nécessité plusieurs campagnes d'essais préliminaires. Avant de les installer sur Mirage 2000, un système simplifié de commandes électriques a été expérimenté sur un Mirage III B du Centre d'essais en vol. Les sécurités étaient limitées au minimum car, à tout moment, le pilote en place arrière pouvait reprendre le contrôle avec ses commandes mécaniques classiques. De même, avant leur installation sur l'A320, des commandes électriques ont été testées à l'un des postes pilote d'un Airbus A300B pour une mise au point des grands principes.

L'avion électrique est également un domaine de recherche à la mode. Les difficultés sont très nombreuses : autonomie, sécurité des batteries, masse, coûts, etc. Aujourd'hui les avis sont très partagés sur la viabilité, mais ce n'est pas une raison pour arrêter la recherche, bien au contraire.

***

Tout nouvel avion, hélicoptère, ou équipement apporte son lot d'innovations, et nous en avons vu quelques exemples. D'ailleurs, il serait bien inutile de concevoir un nouvel appareil si on ne devait rien changer !

Mais, il y a différentes manières d'évoluer. Ainsi, l'A320 a été une grande révolution technologique à beaucoup de points de vue : commandes de vol électriques, intégration des systèmes, écrans de pilotage, etc. Il n'est pas fréquent de cumuler un tel ensemble d'évolutions à l'occasion d'un seul programme. D'ailleurs, quelques années plus tard, lors du lancement de l'A330 et de l'A340, peu de modifications ont été faites dans ces domaines, et l'essentiel a été « copié » de l'A320, avec les adaptations nécessaires liées à la mission long-courrier. Il ne faut pas vouloir changer pour changer. Il faut qu'il y ait un intérêt opérationnel d'amélioration des performances, de réduction des coûts, de facilité de maintenance, etc. Procéder par petites évolutions successives est une solution à moindre coût, qui permet d'améliorer en permanence les produits. Cela se fait beaucoup dans le domaine des hélicoptères.

***

La concurrence oblige à évoluer et à être à la pointe du progrès, sous peine de ne pas vendre. Un exemple intéressant est celui de l'A350 première version, étudié vers 2005, qui finalement n'a jamais été lancé. Il s'agissait en gros d'un A330 avec une voilure en carbone, pas plus rapide (M 0,82), et avec le même poste de pilotage. Nous étions un certain nombre d'ingénieurs à protester, en estimant que nous allions à l'échec avec un tel projet. Pour certains hauts dirigeants de la société, je prenais même l'exemple du calculateur de navigation, à peu près semblable à ceux qui étaient installés au début des années 1980 sur les A310, et j'expliquais que les mêmes calculateurs seraient encore là dans 40 ans, soit 65 ans après les premiers. Et je précisais que c'est comme si, en 2005, leur voiture de fonction était une 4 CV Renault (pour les jeunes : petite voiture d'après-guerre) ! Je n'ai pas eu de succès, et je n'ai convaincu personne. Mais John Leahy, directeur commercial, lorsqu'il a volé pour la première fois sur l'A380, a immédiatement vu le problème, et il a imposé d'avoir le même cockpit sur l'A350 que sur l'A380. Et, en fait, pour le nouvel avion A350XWB, il a encore été amélioré afin de rester à la pointe de la technologie. De plus, une nouvelle aile permet de croiser à Mach 0,85 au lieu de 0,82.

De nombreux choix sont faits relativement tôt lors de la conception de l'avion, et c'est le cas de l'aménagement du cockpit. Il n'y a pas de surprise : tout le temps pour se préparer. Mais il faut quand même travailler et étudier cet aménagement dans les moindres détails. Une recherche préliminaire s'impose quelquefois. C'était le cas, par exemple, pour trouver le meilleur type de désignateur sur les écrans. Pour l'A380, différentes solutions ont été étudiées avant de choisir le *track-ball.*

De très nombreuses autres innovations nécessitent un important travail préliminaire. Par exemple, à partir de l'A380, il a été décidé d'augmenter la pression des circuits hydrauliques de 3000 psi à 5000 psi. Le but était de réduire la masse des tuyauteries et des systèmes. Mais, cela ne se fait pas d'un coup de baguette magique. De nombreux essais de validation doivent être réalisés avant de pouvoir installer une telle nouveauté sur un avion. Lorsque ce travail préliminaire est bien fait, on peut raisonnablement espérer qu'il n'y aura pas de difficultés dans ce domaine pendant le développement. Ce qui a bien été le cas pour l'A380.

Dans le domaine de l'aéronautique, les industriels insistent de plus en plus sur l'importance de la préparation en amont. Il faut découvrir les anomalies le plus tôt possible pour les corriger. C'est un principe de base. Cela implique aussi de n'utiliser que des technologies éprouvées ou pour lesquelles le degré de confiance est suffisant compte tenu d'essais déjà effectués. Dans le cas contraire les risques peuvent être considérables. Ainsi, on n'imagine pas de lancer des systèmes de commandes de vol électriques sans avoir au préalable validé la technologie. Si, quelquefois, il est acceptable de prendre des risques, il faut que les conséquences d'éventuels dysfonctionnements n'aient aucun impact sur le niveau de sécurité, ne perturbent pas significativement l'activité de la compagnie cliente, et enfin que des corrections puissent être apportées rapidement.

***

Beaucoup de validations de systèmes avant vol relèvent d'un processus très classique, par exemple en démontrant que toutes les règles de certification applicables sont satisfaites. Mais quelquefois, les questions sortent de l'ordinaire en raison des particularités de l'appareil. Évidemment, sur un avion comme l'A380, les problèmes de ce type n'ont pas manqué, et il a fallu quelquefois y apporter des solutions originales. C'est le travail des ingénieurs du bureau d'études ou des équipes d'essais de trouver les bonnes méthodes de résolution. Et c'est d'ailleurs ce qui fait tout l'intérêt de ce métier.

Prenons un premier exemple d'un problème qui s'est posé juste avant le lancement du programme A380. Les compagnies aériennes et les représentants des aéroports étaient inquiets car, compte tenu de la masse de l'avion, ils craignaient d'abîmer pistes et taxiways. Il fallait donc les rassurer. L'histoire « LA TORTUE, LE PLUS GRAND LEGO DU MONDE » (en annexe), racontée par Françoise Castel, responsable de l'opération, explique comment, en quelques mois, une petite équipe a relevé ce défi, et a démontré que l'A380 endommageait beaucoup moins pistes et taxiways que les B777 avec les deux trains principaux à six roues fortement chargés. Suite à ces essais, la réglementation internationale a d'ailleurs évolué.

***

Sur l'A380, un problème a surgi plus tard, lors du début des essais en vol. Il s'agit des turbulences de sillage (*wake vortex*). Une aile crée un sillage très compact qui, habituellement, est d'autant plus fort que l'avion est lourd. Le sillage de l'avion consiste en deux « tubes » contrarotatifs de tout petit diamètre où l'air tourne à très grande vitesse. L'avion qui pénètre dans ce vortex est très « secoué », et ceci d'autant plus qu'il est petit et à faible distance derrière le gros-porteur. Alors, évidemment, beaucoup étaient inquiets avec les vortex de l'A380. Il fallait montrer que ce sillage était identique ou à peine plus sévère que celui des autres gros-porteurs actuellement en service. Ce genre d'études n'avait jamais été fait. Donc, là encore, il fallait inventer des techniques d'essais et convaincre de leur validité. Les premiers essais ont été réalisés grâce à des passages alternés de l'A380 et d'autres gros-porteurs dans le faisceau d'un LiDAR (*Light Detection And Ranging*). Cet instrument mesure la vitesse des particules en mouvement et, pour notre essai, il analysait la décroissance de la force des vortex dans le temps. Cette technique a été reprise quelques mois plus tard par Boeing pour l'analyse des vortex de son nouveau gros-porteur B748, légèrement plus gros que le B747-400 dont de nombreux exemplaires sont en service.

Mais cette analyse ne suffisait pas à résoudre les problèmes. Une autre technique d'essais a été mise au point qui consistait à pénétrer avec un même avion dans les vortex de l'A380 et d'un autre gros-porteur de référence (B747 et A340-600) et à comparer les effets. Ces essais ont été faits en croisière à haute altitude, puis à basse altitude, dans la configuration d'atterrissage. À haute altitude, les vortex étaient repérés grâce aux traînées de condensation. À basse altitude, pour les visualiser, il a fallu utiliser un fumigène, obtenu en injectant de l'huile dans les parties chaudes des réacteurs externes (comme la Patrouille de France !). Des techniques de pénétration dans les vortex ont dû être définies, ainsi que les méthodes d'analyse.

Ces exemples montrent qu'il faut savoir faire preuve d'imagination pour résoudre les nouveaux problèmes. Il est d'ailleurs intéressant de noter que les deux exemples donnés ci-dessus ne sont pas relatifs au fonctionnement et à la sécurité du nouvel avion proprement dit, mais qu'ils sont liés à son intégration dans l'environnement.

***

Il y a besoin d'avions banc d'essais pour mettre au point certains équipements, par exemple les nouveaux réacteurs. Aujourd'hui, les avionneurs hésitent à prendre le risque de monter un moteur tout nouveau, n'ayant pas encore fait l'objet d'essais en vol, sur un nouvel avion. Même si, au point de vue sécurité, ce risque est acceptable, il l'est beaucoup moins pour le respect du planning puisqu'une grosse anomalie sur le moteur pendant les essais conduirait à des délais sur le développement de l'avion. D'ailleurs, même de fréquents petits problèmes pourraient conduire à des annulations de vols d'essais, et donc des retards. Par conséquent, les moteurs sont testés au préalable sur des bancs volants. Par exemple, General Electric possède deux B747 pour les essais de ses nouveaux moteurs. Avec Rolls-Royce, les arrangements sont différents, et Airbus monte les moteurs qui lui sont destinés sur un de ses avions banc d'essais : A340 ou A380 (pour le moteur de l'A350). Il peut paraître curieux qu'Airbus soit autant impliqué dans les essais en vol des moteurs Rolls-Royce, mais, en dehors des arrangements financiers, sur le plan technique, il est intéressant pour l'avionneur de bien connaître les caractéristiques du moteur.

La préparation de ces avions banc d'essais des moteurs n'est pas facile. Il ne s'agit pas simplement d'installer le moteur sous l'aile. Le bureau d'études doit prendre en compte des modifications profondes des circuits carburant, électrique, hydraulique et pneumatique de l'avion de base. Et il faut quelquefois aller plus loin car les ingénieurs en charge du nouveau moteur veulent également faire la mise au point de certains systèmes associés. Par exemple, ils peuvent vouloir vérifier que le ou les générateurs électriques entraînés par le réacteur sont bien capables de délivrer toute la puissance prévue. Il faut donc installer un système pour dissiper cette charge électrique. Même si les modifications peuvent être complexes, elles ne sont pas destinées à être certifiées. Les ingénieurs qui conçoivent ce banc volant doivent simplement garder à l'esprit qu'il s'agit d'une machine qui ne sera utilisée que pendant une durée très limitée et, de plus, par des équipages d'essais des constructeurs. Il suffit simplement d'assurer la sécurité et l'efficacité.

Certains essais de certification de l'avion peuvent être faits sur le banc volant, ce qui permet un gain de temps significatif. Mais, pour assurer la validité de l'essai, il faut que la représentativité soit parfaite pour la manœuvre considérée. La conception du banc d'essais doit donc l'avoir prévu dès le départ. À titre d'exemple, certains essais de certification de vol en conditions givrantes des moteurs Rolls-Royce ont été faits sur l'avion banc d'essais pour l'A380, puis pour l'A350, ce qui a permis de réduire significativement le nombre d'heures de vol dans ces conditions sur ces deux types d'avions.

Pour illustrer les difficultés liées à la modification de l'avion banc d'essais, prenons l'exemple du moteur Trent 900 de l'A380. Il a été monté sous l'aile gauche d'un A340-300. Il avait une poussée de 70 000 lbs (31,7 t), alors que le moteur de base qu'il remplaçait, le CFM56, n'avait que 34 000 lbs (15,4 t) de poussée. La différence est énorme (cahier photo n° 1). De plus, en raison du diamètre beaucoup plus grand du Trent 900, et pour qu'il ne soit pas trop près du sol, l'un des amortisseurs de l'avion devait être surgonflé. Par ailleurs, il fallait maintenir une dissymétrie de carburant de 6 tonnes pour compenser les différences de masse des moteurs à gauche et à droite. Enfin, une procédure de mise de gaz au décollage très particulière avait été mise au point afin d'assurer la sécurité en cas de panne de l'un quelconque des quatre moteurs. Le décollage était délicat et la procédure n'était destinée qu'aux pilotes d'essais.

***

La mise au point des systèmes d'armes ne se fait pas après celle de l'avion proprement dit. Elle doit évidemment être conduite en parallèle. Ainsi, tout programme militaire nécessite de prévoir des avions banc d'essais.

La question du type d'appareil pour ces essais est fréquemment posée, et il n'y a pas toujours une réponse unique.

Ainsi, pour essayer un nouveau radar embarqué, un avion de transport ou d'affaires présente des avantages. Le radar peut facilement être installé dans la pointe avant, et il y a également beaucoup de place disponible pour tous les enregistreurs. Les ingénieurs en charge du développement des systèmes peuvent également être à bord de l'avion. Ils peuvent vérifier le fonctionnement, et éventuellement faire des modifications en temps réel. Il y a un gain de temps significatif pour la mise au point.

Mais l'environnement n'est pas celui d'un avion de chasse. Évidemment, si l'on veut vérifier les performances du système d'armes à très grande vitesse, par exemple en supersonique, il faut obligatoirement l'installer sur un avion de combat. Et là, les modifications sont beaucoup plus complexes. Les ingénieurs en charge du projet doivent quelquefois faire preuve d'imagination pour installer le nouveau système à bord d'un avion de type ancien sans avoir de restrictions d'utilisation trop importantes. En fait, les deux solutions peuvent être utilisées en fonction du but recherché.

Nous avons pris l'exemple des radars embarqués, mais les essais des armements proprement dits constituent une part importante du développement d'un nouveau programme militaire. Par exemple, un nouveau missile est généralement développé pour être installé sur les futurs avions, et non sur les appareils anciens. Et pourtant, il faut bien faire les essais avant que ce nouvel avion ne soit opérationnel. Il faut donc un banc d'essais pour tirer ce nouveau missile. Les exemples sont nombreux dans le domaine militaire où des avions doivent être modifiés pour préparer la mise au point de divers systèmes.

***

De nombreux équipements ont été largement expérimentés en vol avant de décider d'un développement en série. Un bon exemple est celui du « *Runway Overrun Prevention System* » (ROPS) installé sur les nouveaux Airbus, et qui permet de réduire les risques de sortie de piste. En approche, si par exemple la vitesse est trop élevée et que le système estime que l'atterrissage présente des risques compte tenu de la longueur de la piste, une voix et une alerte visuelle incitent fortement l'équipage à abandonner l'atterrissage et à remettre les gaz. Lorsque l'avion est au sol et qu'un risque de sortie de piste est détecté, il déclenche automatiquement le freinage maximal, et il demande au pilote de sortir les inverseurs de poussée. Cet équipement peut aussi être associé à un dispositif de freinage astucieux permettant de dégager la piste sur le taxiway présélectionné par l'équipage en minimisant le temps d'occupation de la piste.

Dassault Aviation a expérimenté sur ses Falcon, un système de visualisation EVS (*Enhanced Vision System*) qui, par mauvais temps, présente à l'équipage une vue de la piste d'atterrissage grâce à une caméra infrarouge.

Les développements de ces équipements se font en parallèle avec ceux des nouveaux avions. Les équipes des bureaux d'études doivent travailler à la mise au point du système, à son installation provisoire sur un appareil d'essais sans perdre de vue les problèmes qui peuvent se poser pour l'intégration sur le nouvel avion. La mise au point se heurte bien souvent à des difficultés imprévues qui ne doivent pas impacter le développement du nouveau programme. Il ne faut pas oublier que les constructeurs doivent assurer un niveau de sécurité extrêmement élevé comparé à ce qui se fait dans d'autres domaines, donc il n'est pas question de mettre en service un équipement qui ne présenterait pas toutes les garanties de sécurité et fiabilité.

Avant les expérimentations en vol, on ne peut pas garantir la viabilité et l'intérêt. Ainsi, de nombreux systèmes ont été essayés en vol, puis abandonnés. Un exemple est le couplage des manches des pilotes en vol. C'est un reproche qui a souvent été fait aux Airbus à commandes de vol électriques de ne pas avoir de couplage des manches latéraux. Pour les équipes d'essais, l'expérimentation d'un système de couplage sur un avion d'essais, faite au début des années 1990, ne s'est pas avérée convaincante, et il a été abandonné. On ne gagne pas à tous les coups !

Lorsqu'il s'agit de recherche ou de mise au point d'équipements, les ingénieurs ont toutes facilités pour faire rapidement des modifications sur les appareils concernés. Il suffit de s'assurer qu'elles n'engagent pas la sécurité et qu'elles permettent d'atteindre le but prévu. Peu importe qu'elles soient certifiables ou pas. L'avion ne sera opéré que par des équipages d'essais qui auront éventuellement à appliquer des procédures particulières. Cela permet d'avoir une bonne réactivité et de donner de la souplesse à l'organisation.

***

Tous les ingénieurs qui participent à la conception d'un avion doivent faire des validations des nouveaux systèmes dont ils ont la charge par différents moyens : calculs, bancs d'essais, essais en vol. Il faut s'assurer de la sécurité et de la viabilité. Nous verrons quelques autres exemples plus loin, par exemple dans le domaine des structures et de l'aérodynamique.

L'ORGANISATION INDUSTRIELLE

L'organisation industrielle d'un grand programme aéronautique est extrêmement complexe. Un constructeur ne peut pas avoir des spécialistes dans tous les domaines. Un avionneur ne conçoit pas de moteurs, de servocommandes hydrauliques, de calculateurs de navigation, de sièges, etc. Il doit donc s'appuyer sur un réseau de sociétés dont il faut coordonner les activités.

L'une des principales difficultés est que, si un seul de ces industriels fait défaut, le programme peut être significativement retardé. D'où l'importance du choix de tous les participants au programme afin de s'assurer de leur compétence et de leur sérieux.

***

Dans un très grand programme, compte tenu des enjeux financiers, les décisions sur l'organisation industrielle peuvent, pour différentes raisons, remonter jusqu'au niveau politique.

D'abord, dans un programme militaire ou spatial en coopération, donc avec plusieurs États comme clients, chacun veut sa « part du gâteau », et exige un retour pour ses industriels nationaux qui soit proportionnel à sa participation financière. Dans certains cas, cela ne pose pas trop de problèmes car il y a assez de compétences chez les industriels des différents pays partenaires. C'est le cas, par exemple, pour un programme d'avion de combat comme l'Eurofighter (cahier photo n° 1) construit par l'Allemagne, l'Italie, le Royaume-Uni et l'Espagne. Chacun de ces pays possède une industrie aéronautique solide et, techniquement, le partage peut se faire sans difficulté. Toutefois, pour chacun d'eux, il ne suffit pas d'avoir une part suffisante, il faut aussi avoir le « meilleur morceau », c'est-à-dire la partie noble, par exemple la conception des commandes de vol électriques ou du système d'armes.

Dans certains cas, la répartition est plus difficile car tous les partenaires ne sont pas au même niveau sur le plan technique. Les capacités industrielles ne vont pas de pair avec les possibilités de financement. De plus, beaucoup de pays souhaitent se doter d'une industrie aéronautique car chacun sait que c'est un domaine porteur.

Un autre exemple particulièrement intéressant est celui du chasseur américain F35 (*Joint Strike Fighter*), maintenant connu sous le nom de *Lightning II.* Les Américains visaient à vendre cet avion dans le monde entier, mais en protégeant leurs technologies militaires. Le but inavoué était sans aucun doute de « tuer » l'industrie aéronautique militaire européenne. Ce programme comprend trois niveaux de partenariat et, en Europe, seul le Royaume-Uni avec BAE System est au plus haut niveau avec la conception et la fabrication du fuselage arrière et d'une partie de l'électronique de bord. Rolls-Royce est également étroitement associé au développement du réacteur. Mais, globalement, les compensations industrielles sont très limitées pour les partenaires. Le rapport de la Commission technique et aérospatiale européenne, publié en 2005, est sans appel : « ... Les mésententes et déceptions sont nombreuses... Ce qui est sûr, c'est qu'avec un tel engagement, les deux pays sont liés pour plus d'une décennie à un programme américain qui n'est pas bénéfique, en termes industriels et technologiques, à la base industrielle et technologique de défense européenne. » C'est clairement dit ! Pour une fois, pas de langue de bois à Bruxelles !

Dans le domaine de la défense, comme d'ailleurs pour le spatial, la coopération et le partage industriel se font bien souvent après d'âpres discussions. Cela conduit parfois à prendre des décisions sur des bases politiques de compensation industrielle, plutôt que de choisir le meilleur partenaire sur le plan technique et financier.

***

Dans le domaine civil, la politique s'en mêle quelquefois, sous des formes variables, et dans des conditions un peu différentes.

D'abord, l'État peut être actionnaire de la société aéronautique, comme c'est le cas chez Airbus, même si c'est actuellement de manière très limitée. Cela a eu une influence importante à la naissance d'Airbus, et un peu moins jusqu'au programme A380. Aujourd'hui, un équilibre interne a été établi, et l'interventionnisme systématique des États a complètement disparu. Il y a d'ailleurs suffisamment de travail pour que personne ne se plaigne !

Dans le passé, des décisions politiques ont quelquefois dicté leur conduite aux sociétés comme Airbus, ce qui a pu conduire à des gâchis. Il faut se remémorer, à la fin des années 1990, la violence des affrontements entre la société française Aerospatiale et DASA (Daimler Chrysler Aerospace Airbus), société allemande également partenaire d'Airbus. Chacun prétendait qu'il était impossible de construire l'A380 sur le site de l'autre. Les Français voulaient l'usine d'assemblage à Toulouse, et les Allemands à Hambourg. Les documents de justification préparés par les deux parties étaient parfaitement ridicules ! (Je les ai précieusement conservés !). La décision a été prise par les politiques en 2000 : Lionel Jospin, Premier ministre, et Gerhard Schröder, Chancelier. La chaîne d'assemblage est à Toulouse et l'installation de la cabine à Hambourg. Mais, en y regardant de près, ces décisions ne sont pas optimales pour plusieurs raisons. D'abord le fait de ne pas pouvoir installer la cabine à Toulouse, et de devoir faire voler l'avion pour le convoyer à Hambourg afin d'installer la cabine, contribue à augmenter les délais de production. Mais ce point est finalement assez mineur par rapport aux milliards d'euros investis dans les infrastructures. Il a fallu combler une vaste étendue d'eau et déplacer des digues à Hambourg. À Toulouse, il a fallu investir pour construire des navettes fluviales sur la Garonne et pour aménager une route entre Bordeaux et Toulouse afin de transporter les morceaux de l'avion. Et pourtant, il y avait une solution considérablement moins chère pour le programme. Il suffisait d'installer l'usine à Saint-Nazaire, qui est déjà un site de production. C'était l'endroit idéal puisqu'il y avait du terrain disponible pour construire, la piste pouvait sans difficulté être allongée, et un port contigu à l'usine pouvait être créé pour débarquer l'ensemble des éléments transportés par bateau (il existe d'ailleurs aujourd'hui !). Mais la politique l'a emporté sur la logique industrielle au prix de gigantesques investissements.

Pendant longtemps, les politiciens européens se sont mêlés de la répartition du travail car, pour les grands programmes aéronautiques, les États faisaient des avances remboursables pour le développement pouvant aller jusqu'à un tiers du coût, voire 40 %. Cela donnait un certain droit de regard. Aujourd'hui, ce système est moins important pour les nouveaux programmes.

Aux États-Unis, la situation est différente. À l'occasion de tout nouveau programme, certains États proposent des avantages fiscaux énormes aux différents industriels pour qu'ils viennent installer leurs usines sur leur territoire. Le montant peut globalement s'élever à plusieurs milliards de dollars. Les décisions liées à l'organisation du programme dépendent donc beaucoup de ces avantages. À noter que les avances remboursables européennes et les avantages fiscaux américains font l'objet de disputes permanentes entre Airbus et Boeing devant l'OMC (Organisation mondiale du commerce), chacun accusant l'autre de subventions illégales. Une bataille interminable !

Aujourd'hui, si les États interviennent, c'est essentiellement pour protéger l'emploi. Ils souhaitent donc que les usines s'installent chez eux. Mais, en dehors des programmes militaires, ils sont devenus raisonnables, et ils ne se mêlent que très ponctuellement de la récupération de certaines technologies. D'ailleurs, les industriels ne se laissent plus faire dans ce domaine.

***

Les motoristes jouent un rôle particulièrement important dans chaque nouveau programme. Chaque projet est conçu autour d'un ensemble moteur et avion (ou hélicoptère), et le motoriste est donc un partenaire, et non un simple sous-traitant. Sur les grands programmes, les moteurs sont « taillés sur mesure ». Avant le lancement d'un nouvel appareil, les caractéristiques du moteur doivent avoir été définies compte tenu de l'importance de la consommation, de la masse, de l'installation sur la machine, etc. La définition du moteur doit légèrement précéder celle de l'avion.

Une défaillance sur la conception d'un moteur peut avoir des conséquences très sérieuses sur un programme. Un exemple est celui du moteur Pratt & Whitney PW6000 qui équipait les A318. Il est apparu très vite que ce moteur n'était pas satisfaisant sur le plan de la consommation. Le motoriste l'a donc significativement modifié en ajoutant un étage au compresseur. Ceci a conduit à un délai important pour les livraisons de certains A318. Par chance pour le programme, un autre moteur, le CFM56, déjà monté sur les A319 et A320, a pu être installé. Un exemple plus récent, dans le même domaine, est l'abandon du développement du Falcon 5X par Dassault Aviation en raison des retards du moteur développé par Safran.

Ces exemples sont tout à fait exceptionnels et, aujourd'hui, les motoristes tiennent les spécifications prévues pour leurs moteurs. D'ailleurs, s'ils ne les tenaient pas, ils seraient décrédibilisés et ils disparaîtraient du marché. C'est un principe général dans toute industrie.

***

Un exemple particulièrement intéressant pour illustrer les difficultés de l'organisation industrielle est celui du Boeing B787. Pour réduire ses investissements, Boeing a décidé de faire appel à des « *risk sharing partners* » (partenaires à risque) prêts à partager les coûts de développement et d'industrialisation. C'était un avantage pour ces industriels car cela leur permettait de développer leurs capacités dans le domaine aéronautique sans investir dans un programme complet. Par ailleurs, étant les seuls à avoir investi dans les processus et l'outillage pour fabriquer une partie de l'avion, on ne pouvait plus leur retirer le travail, ce qui assurait leur plan de charge sur le très long terme. Ils étaient donc définitivement associés au programme. Mais l'affaire s'est révélée beaucoup plus complexe que prévu, sans doute parce que les spécifications pour ces partenaires n'étaient pas suffisamment détaillées, et que l'encadrement par Boeing a été largement insuffisant. Il est vite apparu, pendant la fabrication des premiers appareils, des difficultés d'assemblage entre les éléments conçus par plusieurs industriels, chacun renvoyant la faute sur l'autre. Tout cela a significativement retardé le programme, et considérablement augmenté les coûts de développement. Il semble que Boeing ait compris que, pour ce programme, il était allé un peu trop loin dans la sous-traitance de la conception et de la fabrication. La leçon à tirer est qu'il ne faut pas nécessairement rejeter ce type d'organisation, mais qu'elle nécessite une très bonne coordination par le maître d'œuvre.

***

La sous-traitance joue un rôle fondamental, et il faut sélectionner les participants au programme avec soin. Dans bien des domaines, le choix est assez limité car il existe seulement un petit nombre de concepteurs de systèmes de conditionnement d'air avionnés, de calculateurs de navigation, de commandes de vol, d'équipements hydrauliques, etc.

Tous les sous-traitants sont étroitement associés au développement car les systèmes doivent être parfaitement intégrés à l'avion. Leur prestation doit répondre à toutes les spécifications, y compris financières. Comme nous l'avons vu ci-dessus, pour éviter des difficultés similaires à celles du B787, la coopération entre avionneur et sous-traitant, avec un suivi permanent de tous les problèmes est absolument fondamentale.

L'une des difficultés est liée au nombre de contrats de sous-traitance passés pour le développement d'un nouveau programme. Il est de l'ordre de 500. Certains industriels sont des spécialistes dans leur domaine et dignes de confiance, par exemple les fabricants de pompes, de freins, de trains d'atterrissage, etc. Les avionneurs savent qu'ils respecteront leur contrat. Mais la coordination est particulièrement importante lorsqu'il s'agit de développement de technologies révolutionnaires.

***

La sélection des partenaires dépend de beaucoup de critères. D'abord, dans certains domaines, il y en a peu qui sont capables de fournir les prestations requises. Ce choix va évidemment dépendre de ce qu'ils sont capables d'apporter au programme en matière de technologie, performance des systèmes, prix, etc. Des appels d'offres sont pratiquement toujours lancés, et que le meilleur gagne !

Mais il y a aussi d'autres paramètres qui ne relèvent plus des critères de choix habituels. Par exemple, encore pour le B787, Boeing, très solidement implanté au Japon a voulu conserver ce marché. Ainsi, des partenaires importants ont été choisis dans ce pays afin que les compagnies aériennes japonaises « renvoient l'ascenseur ». Cette pratique est courante à des degrés divers. Par exemple, il y a une dizaine d'années, Airbus a installé une chaîne d'assemblage des A320 en Chine. Le coût global des appareils est un peu plus élevé car il faut transporter tous les tronçons jusqu'à cette usine. Mais le but est que les compagnies chinoises choisissent plutôt un appareil monté dans leur pays, même si la part de l'assemblage dans la fabrication est minime. C'est à la fois une question de fierté nationale et un transfert de technologie.

***

Ainsi, l'organisation industrielle d'un grand programme est particulièrement complexe. Malheureusement, la capacité technique des participants n'est pas toujours le critère principal (ce serait trop facile !), et il faut tenir compte des relations commerciales avec les compagnies aériennes locales, et surtout des motivations politiques. Un constructeur peut estimer que choisir un partenaire dans un pays n'a qu'un intérêt très limité au stade actuel, mais que c'est un investissement pour le long terme et les futurs programmes.

Il y a aussi de « cruels dilemmes ». Ainsi, les grands constructeurs occidentaux n'ont guère envie de mettre le pied à l'étrier à des industriels asiatiques qui, ultérieurement, leur feront de la concurrence. Mais, s'ils ne coopèrent pas avec eux, ces constructeurs se lanceront seuls dans la grande aventure d'un nouveau programme. Donc, autant les accompagner et s'associer avec eux pour partager les connaissances et la technologie, tout en les surveillant. C'est une tâche difficile ! De plus, si l'un des constructeurs, par exemple Airbus ou Boeing, commence à le faire, l'autre devra s'aligner, sous peine de perdre son crédit dans ce pays. Ce n'est certainement pas « l'intelligence artificielle » qui permettra de prendre la bonne décision dans ce domaine. Les « Patrons » doivent avoir le flair !

PARTIE 2

QUELQUES DOMAINES D'ACTIVITÉ

DE TRÈS NOMBREUSES DISCIPLINES

La conception d'une machine volante nécessite des spécialistes dans de très nombreuses disciplines : aérodynamique, structures, moteurs, systèmes divers, éventuellement armement, etc. Nous ne pouvons pas fournir des informations sur tous ces domaines d'activité dans le cadre de ce livre. Mais, à titre d'exemple, une description assez détaillée est donnée sur quelques-uns d'entre eux dans les quatre chapitres suivants afin d'illustrer la complexité et la variété des activités dans chaque domaine.

***

La complexité provient souvent de l'interconnexion entre ces différentes disciplines. Prenons l'exemple des commandes de vol. La mise au point d'un système d'amélioration du confort dans la turbulence à l'aide des surfaces de contrôle nécessite une bonne connaissance des réactions de la structure et de ses modes oscillatoires. Conception de la structure et commandes de vol sont ainsi étroitement liées.

D'autres exemples. L'architecture des commandes de vol ne peut pas faire abstraction de l'aérodynamique car l'efficacité des différentes surfaces de contrôle va en dépendre. Le braquage de certaines surfaces peut faire apparaître de fortes vibrations créant des efforts trop élevés dans la structure. Le braquage d'un aileron (surface en bout d'aile permettant de mettre l'avion en virage) peut éventuellement déformer légèrement la structure, ce qui pourrait avoir pour conséquence de ne pas obtenir le résultat aérodynamique escompté sans ces déformations. Même si certaines de ces situations sont très exceptionnelles, elles montrent qu'il peut y avoir des interactions complexes entre aérodynamique, structure et commandes de vol. Le dessinateur Sempé l'a fort bien illustré dans son premier album « Rien n'est simple » !

Ces exemples montrent que la conception d'un appareil est un travail d'équipe. Personne ne peut rester isolé dans sa discipline sous peine d'aller à l'échec. Chaque ingénieur doit se préoccuper des conséquences de ses décisions dans les autres domaines. Il faut s'assurer qu'il y a une cohérence d'ensemble.

***

Dans certaines disciplines, il y a de nombreuses inconnues, et quelquefois, il faut passer par des essais spécifiques pour progresser. Prenons l'exemple du freinage sur un gros-porteur. Le train principal comporte de nombreuses roues freinées. Pour déterminer l'efficacité du freinage, il faut connaître la force d'appui sur chaque train et chaque roue. Or, à grande vitesse, la voilure est déformée par les forces aérodynamiques, et cette force d'appui sur les roues varie en fonction de nombreux paramètres, dont la masse, la position du centre de gravité, la répartition du carburant, et surtout avec la vitesse. L'efficacité du freinage dépend beaucoup de cette force d'appui. Pour prendre des cas extrêmes, si cette force est très faible, la moindre pression sur les disques de freins bloquera les roues. En revanche, si le train est fortement plaqué au sol, les roues ne se bloqueront pas et le freinage deviendra efficace. Mais le freinage maximal n'est obtenu que lorsqu'il y a un très léger glissement de la roue. C'est ce qu'il faut optimiser lors du développement. Pour compliquer un peu plus notre affaire, il faut tenir compte des réactions des pneus, et en particulier de leur déformation. Tout cela est extrêmement complexe à modéliser. Finalement, devant de telles difficultés, la seule solution est d'effectuer le réglage final du freinage par des essais sur l'avion, après une bonne préparation avec tous les modèles, même imprécis.

***

Le deuxième album du dessinateur Sempé a pour titre *Tout se complique*. Cela s'applique parfaitement à certains domaines de

CAHIER PHOTOS N°1

Airbus A380

Projet Boeing Sonic Cruiser

Boeing 787 Dreamliner

Airbus A400M

Dassault Rafale M

Lockheed F-35

Dassault Falcon 7X

Socata TB-20 Trinidad

Airbus A320neo

English Electric Lightning

Lockheed F-117

Lockheed F-22 Raptor

Airbus Helicopters Tigre

Eurocopter X³

Dassault Mirage G8

Dassault Rafale A

Lockheed X-35

Boeing X-32

A340-300 banc d'essais du moteur Trent 900 de l'A350.

Eurofighter

Tufts permettant de visualiser les décollements de l'écoulement.

Essai structural de la voilure de l'A350 aux limites.

Iron Bird de l'A380

la conception des avions. Illustrons-le avec l'évolution des systèmes de guidage et de navigation.

Sur les avions de transport à moteurs à pistons très anciens, il y avait un navigateur chargé de déterminer la trajectoire de l'avion grâce à des cartes terrestres et en fonction du cap. Il pouvait la confirmer en faisant le point avec un sextant, tout comme sur un bateau. Après la Seconde Guerre mondiale, des balises sol ont été progressivement installées dans les zones terrestres, et la navigation se faisait d'une balise à une autre. Dans les zones maritimes, un système de navigation à grande distance appelé LORAN (*Long Range Navigation*) permettait de naviguer avec une meilleure précision que l'estime : plusieurs balises au sol émettaient des signaux à basse fréquence que l'on pouvait capter à grande distance. Leur déphasage permettait de déterminer la position avec une précision de quelques kilomètres.

Dans les années 1970, les premières centrales à inerties sont apparues, avec une dérive de l'ordre de 2 km /h. Les avions long-courriers ont progressivement été équipés d'une puis de trois centrales. Ils pouvaient ainsi faire une navigation autonome avec une précision satisfaisante pour l'époque.

Dans les années 1990, le GPS est arrivé. Le rêve ! La précision absolue. Mieux, comme nous l'avons déjà vu dans le chapitre sur l'aviation générale, dans les années 2000, est apparu un système d'amélioration de la précision du GPS (EGNOS pour l'Europe) : un positionnement à un mètre près.

Alors pourquoi dire que « Tout se complique » puisque la précision de navigation s'est considérablement améliorée ? La vérité est que la sécurité de la navigation était autrefois assurée par l'équipage, mais qu'avec ces systèmes que le pilote ne contrôle plus directement, c'est le constructeur qui doit la garantir. L'installation à bord de centrales à inertie, recalées par des signaux GPS, et couplées à des calculateurs de navigation où l'équipage programme l'intégralité de son vol avant de décoller, et le modifie au fur et à mesure de la progression, est considérablement plus complexe pour le constructeur que le montage de simples récepteurs pour des balises sol. Mais de plus, ces signaux GPS sont maintenant utilisés pour faire des approches de grande précision, jusqu'à descendre à 75 mètres au-dessus du sol, dans les nuages, face à la piste d'atterrissage. Dans ces conditions, il faut absolument assurer d'excellents guidages (latéral et vertical), ainsi que garantir l'intégrité du signal.

Ces systèmes d'approche de précision avec le GPS sont encore en plein développement, et le but est d'arriver à rendre l'atterrissage automatique opérationnel, espérons dans un futur très proche. Une autre fonction importante sur certains aérodromes dans des régions montagneuses est d'assurer un guidage extrêmement précis dans une vallée pour permettre d'atterrir par de mauvaises conditions météorologiques alors que, jusqu'ici, il fallait avoir la vue du sol pour débuter l'approche en raison de la faible distance de la trajectoire imposée par rapport aux obstacles.

La navigation est donc un exemple d'une discipline autrefois mineure chez un avionneur et qui est devenue particulièrement importante et complexe sur les appareils modernes.

***

Chez un avionneur, dans certaines disciplines, il n'y a pas d'ingénieur connaissant tout. Prenons l'exemple du réacteur. Ce qui concerne le fonctionnement interne du moteur est uniquement du ressort du motoriste. Et d'ailleurs couvert par le secret industriel. Le constructeur de l'appareil maîtrise l'ensemble des techniques d'installation afin d'assurer la sécurité et l'optimisation du fonctionnement. Il doit nécessairement y avoir une bonne coordination à la frontière des activités, par exemple sur le refroidissement de certains éléments. Il y a des spécifications pour le moteur, mais il y a aussi des contraintes pour l'installation.

***

À titre d'illustration, les quatre chapitres suivants sont consacrés à différentes disciplines. Tous les domaines d'activité sont importants pour construire un avion ou un hélicoptère, et ces chapitres ont seulement pour but de donner une idée de la variété et du nombre de tâches qui attendent chaque spécialiste pour un nouveau programme. Chaque jeune ingénieur pourra découvrir que rien n'est simple dans le développement d'un avion, quel que soit le domaine.

L'AÉRODYNAMIQUE

Tout nouveau programme, ou même variante allongée ou raccourcie d'un modèle existant, s'accompagne de validations aérodynamiques qui peuvent prendre différentes formes.

***

Au démarrage d'un nouveau projet, la première étape consiste à déterminer, à partir des spécifications, les principales caractéristiques aérodynamiques, par exemple portance de l'aile à l'atterrissage, traînée en croisière, etc. Les modèles mathématiques dont nous disposons aujourd'hui permettent de définir avec une bonne précision la forme idéale de l'aile. Il ne faut pas s'imaginer que tout cela se fait en une seule opération. De nombreuses formes de voilure doivent être évaluées avant de converger progressivement vers celle qui remplira le mieux les conditions. Les études aérodynamiques liées à l'aile incluent la définition des becs (surfaces qui se braquent à l'avant) et des volets (surfaces qui se braquent à l'arrière), pour améliorer les caractéristiques de vol à basse vitesse et réduire ainsi les distances de décollage et d'atterrissage.

Il peut arriver que les spécifications s'avèrent trop strictes et qu'il ne soit pas possible de toutes les satisfaire. Des compromis doivent alors être trouvés, en acceptant une légère dégradation de certaines performances : distances de décollage ou d'atterrissage, bruit, etc.

Ces études aérodynamiques ne concernent pas que la voilure mais l'avion dans son ensemble. Il faut ainsi définir les caractéristiques de l'empennage horizontal, de la dérive et la taille des gouvernes. Il faut aussi s'assurer que l'équilibre longitudinal de l'avion peut être assuré de manière satisfaisante en toutes circonstances, et en particulier aux limites prévues pour la position du centre de gravité.

Le point le plus important de toutes ces études est, sans aucun doute, la réduction de la traînée en croisière, et donc de la consommation en carburant, tout en respectant le mieux possible toutes les autres spécifications. En effet, comme nous l'avons vu, il y a un effet « boule de neige » avec ce paramètre, puisqu'une diminution de la consommation conduit, pour la mission de base d'un avion de transport, à une réduction du carburant à embarquer, et donc de la masse au décollage. D'où une amélioration des performances au décollage et, par conséquent, moins de contraintes pour cette phase de vol.

***

Des maquettes sont ensuite préparées pour un passage en soufflerie afin de valider les résultats obtenus grâce aux modèles mathématiques.

Ces maquettes sont difficiles à définir sur les très gros avions car les voilures sont souples et flexibles. Il suffit de voir comment l'extrémité de l'aile se soulève au moment du décollage pour s'en convaincre. Le calcul de la performance de l'aile doit se faire en tenant compte de la forme qu'elle aura en vol après déformation. Ou, autre manière de poser le problème, il faut que la structure soit conçue de telle sorte qu'en vol, l'aile ait exactement la forme prévue. Il doit donc y avoir des contacts permanents entre l'équipe d'aérodynamiciens qui conçoit l'aile et les ingénieurs qui dessinent la structure pour arriver au bon résultat.

***

La validation en soufflerie est particulièrement importante. Il y a plusieurs types de soufflerie : faible vitesse, grande vitesse, etc. avec des veines de tailles différentes. L'une des difficultés de l'analyse des résultats est liée à ce qu'on appelle l'effet d'échelle. En effet, une maquette ne va pas se comporter exactement comme l'appareil qu'elle représente. Les caractéristiques de l'écoulement sont légèrement différentes selon la taille, en particulier lorsqu'il y a des décollements du flux d'air sur l'extrados de la voilure. Il existe des techniques de correction plus ou moins faciles à appliquer, mais il subsiste toujours des incertitudes lorsqu'on approche des limites du domaine de vol. Néanmoins, ce n'est pas parce qu'il y a éventuellement des inexactitudes qu'il ne faut rien faire. La soufflerie fournit une bonne base de départ pour l'identification de l'aérodynamique et sa confirmation. Cependant, le doute doit toujours être présent dans la tête de l'ingénieur, et dès le début des essais en vol, il faudra très rapidement lever les incertitudes sur les principales caractéristiques : consommation en croisière, portance au décollage et à l'atterrissage, taux de montée, etc.

En France, une grande soufflerie basse vitesse se trouve à Modane, dans les Alpes. Elle a une veine de 8 mètres de diamètre, ce qui permet de tester des maquettes de 4 mètres d'envergure.

L'effet du Mach doit également être analysé avec soin en soufflerie. C'est une confirmation des résultats obtenus avec les modèles mathématiques. Les conditions de fonctionnement particulières de ces souffleries, sous une forte pression et à très basse température, permettent de réduire significativement l'effet d'échelle. Une telle soufflerie est installée à Cologne, en Allemagne (European Transonic Wind Tunnel).

***

Les souffleries ne sont pas utilisées que pour des essais aérodynamiques proprement dits, mais également pour des mesures destinées à réduire les bruits. Tout d'abord, il y a ceux qui sont directement liés à l'aérodynamique. Par exemple, une petite cavité peut faire résonner l'air. La turbulence générée par les becs et les volets crée également du bruit, comme c'est le cas pour l'écoulement de l'eau autour d'un rocher. D'autres techniques existent en soufflerie pour mesurer, puis réduire les bruits liés au jet des moteurs. On en voit le résultat sur certains avions qui ont des tuyères dentelées. Ces souffleries permettent également de tester des matériaux isolants, par exemple pour les moteurs.

Dans le domaine des hélicoptères, de nombreuses recherches sont également faites en soufflerie dans le but de réduire le bruit des pales.

***

Plus récemment, des essais en soufflerie ont été faits pour analyser les turbulences de sillage des avions. En effet, depuis l'A380, il a été décidé par l'OACI (Organisation de l'Aviation civile internationale) qu'une analyse du sillage de tous les nouveaux avions devait être effectuée. Des essais en soufflerie ont ainsi permis, après analyse, de démontrer que les différentes versions de l'A350 et l'A330NEO entraient sans restriction dans la catégorie des gros-porteurs du point de vue des séparations dues aux turbulences de sillage qui doivent être appliquées en approche.

On constate ainsi que les applications des essais en soufflerie sont multiples lors du développement d'un nouveau programme.

***

Pour le développement et la certification, les ingénieurs du bureau d'études doivent disposer d'un modèle aérodynamique fiable. La vérité, c'est l'avion ou l'hélicoptère, mais en attendant de disposer de toutes les informations recalées par les essais en vol, ils se reposent initialement sur le modèle aérodynamique obtenu par le calcul. Ensuite, ils utilisent les informations issues de la soufflerie pour le recaler. Mais ils doivent être conscients que ces modèles aérodynamiques ne sont pas nécessairement exacts et précis dans toutes les conditions de vol.

D'abord, aux limites du décrochage (perte de contrôle à basse vitesse), le modèle est rarement fiable et les vraies caractéristiques de vol sont déterminées sur l'avion. Pour les premiers décrochages, il est courant de placer des *tufts* (cahier photo n° 1) sur l'extrados de l'aile. Ce sont de petits cônes plastique reliés à la paroi par l'intermédiaire d'une petite ficelle et de scotch. L'observation de leur mouvement permet d'observer le décollement progressif de l'écoulement sur l'extrados de l'aile en approchant du décrochage. Les aérodynamiciens, grâce à la vidéo, disposent ainsi d'une soufflerie à l'échelle 1. Aujourd'hui, sur les avions de transport, il est aussi possible de remplacer ces *tufts* par de minuscules capteurs de pression collés sur la voilure. L'évolution de la pression permet d'analyser avec précision le comportement de l'écoulement en fonction de l'incidence (angle entre le profil et l'écoulement).

Il y a une autre situation où il a été prouvé au cours de nombreux programmes que la soufflerie n'était pas réellement fiable : l'effet de sol. En arrivant très près du sol, il se forme une sorte de coussin d'air entre le sol et l'aile. En raison de l'effet d'échelle, les prévisions sur le comportement de l'avion sont incertaines dans cette phase de vol. Comme cet effet de sol n'est pas bien connu et que les caractéristiques à l'atterrissage en dépendent beaucoup, il n'est pas possible de faire le réglage final de l'atterrissage automatique sur des modèles ou au simulateur. On est donc conduit à le faire par des essais en vol en procédant par petits ajustements successifs.

LA STRUCTURE

Les recherches dans le domaine des nouveaux matériaux sont importantes car elles permettent de réduire la masse de la structure, l'une des clés de l'amélioration des performances.

Les matériaux évoluent en permanence. Ainsi, les premiers empennages avec des structures plastique renforcées par du carbone apparurent vers 1985 sur l'Airbus A310. Par évolutions successives, Boeing a conçu le B787 avec un fuselage en carbone bobiné. Airbus n'est pas allé aussi loin pour le fuselage de l'A350 qui est composé de grands panneaux en fibre de carbone, avec des cadres en composite. Tout cela n'a plus rien à voir avec les structures métalliques de Concorde ou des premiers Airbus et Boeing.

L'utilisation d'un nouveau matériau nécessite beaucoup de recherches et de validations. Bien entendu, il faut s'assurer de ses qualités de résistance. Mais il faut également considérer son vieillissement. Les facilités de réparations sont également très importantes. Pendant la durée de vie d'un avion long-courrier, environ vingt ans et 100 000 heures de vol, il y aura très certainement des collisions avec des systèmes de chargement, ou des endommagements divers. Ils doivent être réparables relativement facilement. Autrefois, avec une structure métallique, il était assez facile de dimensionner un renfort pour réparer. C'est plus difficile aujourd'hui avec des structures en composite. Mais le gain de masse, et donc de performances, est à ce prix.

***

Autrefois, le dimensionnement de la structure se faisait à la main, avec la règle à calcul, en calculant les efforts en chaque point des principaux éléments. Depuis fort longtemps, tout cela est terminé, et maintenant des méthodes de calcul par éléments finis sont apparues. Elles permettent de s'assurer grâce à une définition en 3D qu'en chaque point de chaque pièce de l'avion, les efforts ne sont pas supérieurs à ce que la structure peut supporter lors des différents types de manœuvres.

Le dimensionnement de la structure d'un avion est extrêmement complexe, en particulier en raison des marges de sécurité qui doivent être prises. De nombreux paragraphes du règlement de certification couvrent les différentes situations. D'une manière tout à fait générale, dans les conditions de vol les plus critiques qui sont considérées, l'avion subit les efforts structuraux que l'on appelle « charges limites » sur des éléments qui dépendent de la manœuvre effectuée. Il ne doit pas y avoir de déformation permanente de la structure avec ces charges limites. Enfin, il ne doit pas y avoir de rupture de l'élément considéré jusqu'à 1,5 fois la charge limite. C'est ce qu'on appelle la « charge ultime ». De plus, elle doit pouvoir être maintenue pendant au moins trois secondes avant rupture.

La justification de la résistance de tous les éléments de la structure est ainsi faite dans les conditions d'opérations les plus critiques, par exemple vitesse, masse, répartition du carburant dans les réservoirs, altitude, etc. pour différents types de manœuvres et des cas de turbulence extrême. Cette justification est faite grâce aux méthodes de calcul par éléments finis, mais elle doit quelquefois être confirmée par des essais spécifiques.

Le calcul doit tenir compte des déformations importantes de la structure lorsque les charges sont appliquées. Il suffit de regarder les déplacements en flexion des voilures en composite comme sur l'A350 ou le B787 lors du passage dans une forte turbulence, ou même au décollage, pour s'en rendre compte.

Mais il y a d'autres conditions pour le dimensionnement. L'effet d'un endommagement de la structure doit aussi être pris en compte. Comme nous l'avons vu, cela n'est pas inhabituel en opérations. Les marges sont très élevées lorsque la structure est intègre. Alors, elles peuvent être réduites pour un nombre limité de vols lorsqu'il y a un dommage localisé. Mais ceci doit être justifié par le bureau d'études.

***

Les calculs doivent être accompagnés d'une validation afin de s'assurer que les modèles utilisés sont bien corrects. En effet, malgré la puissance des outils informatiques, des éléments extérieurs pourraient ne pas être parfaitement pris en compte. C'est le cas par exemple de l'aérodynamique aux limites du domaine de vol de l'avion : très basse vitesse ou au contraire Mach très élevé.

De très nombreux capteurs d'efforts sont installés sur toute la structure des avions de développement. En utilisant les manœuvres faites pour les essais, ils permettent de valider, et quelquefois corriger, les différents modèles de calcul. Les bases de certification deviennent alors plutôt solides.

À noter que, sur les avions de développement, tous ces capteurs sont aussi utiles lorsque des charges importantes ont été relevées lors d'une manœuvre particulièrement sévère au cours d'essais. Ils permettent au bureau d'études de déterminer rapidement s'il y a eu un possible endommagement ou non de la structure. Cela sert quelquefois !

Toutefois, les modèles sont insuffisants lorsqu'on arrive aux charges limites et au-delà. Les déformations pour les éléments métalliques peuvent modifier les résultats prévus. Les pièces composites ont un comportement différent, sans déformation permanente au-delà des charges limites. Il est donc difficile de savoir avec certitude ce qui va se passer avec des efforts supérieurs aux efforts limites et jusqu'à la rupture. Le règlement de certification impose cette démonstration. Pour cela, les constructeurs fabriquent une cellule spécifique qu'ils soumettent à des efforts croissants et progressifs, allant jusqu'à la rupture de l'aile. Ces essais sont spectaculaires car la flèche de la voilure est particulièrement impressionnante lorsqu'on approche des charges extrêmes, donc près de la rupture. Pour un A350, le déplacement de l'extrémité de l'aile est de plus de 5 mètres (cahier photo n° 1). Ces essais doivent être exécutés dans des conditions représentant les situations les plus sévères qui pourraient être rencontrées en vol, en considérant la masse, la répartition du carburant, etc. Tous les éléments critiques de l'avion doivent ainsi être testés.

***

Mais ce n'est pas tout. Il faut vérifier que l'ensemble de la structure résiste bien à la fatigue. Pour bien comprendre, imaginons un petit morceau de tôle mince que l'on plie d'un côté puis de l'autre. En répétant la manœuvre un très grand nombre de fois, il va d'abord apparaître une crique. Puis, rapidement, la tôle va être découpée le long de la ligne de pliage. C'est le phénomène de fatigue. Dans un avion, le même phénomène pourrait se produire avec de nombreux passages dans la turbulence tout au long de la vie de l'appareil. La conception de la structure doit donc en tenir compte.

Tous les calculs sur la résistance à la fatigue sont validés par des essais. Pour cela, les avionneurs construisent une seconde cellule d'essais au sol. Ses différents éléments sont soumis à de petites forces alternées que l'avion rencontre tout au long de ses vols : turbulence, pressurisation, manœuvres diverses. Cette cellule d'essais subit ainsi des cycles de fatigue qui sont représentatifs de 3 à 5 fois la vie de l'avion. Pour fixer les idées, prenons l'exemple d'un A380 qui fera au total 100 000 heures de vol. Si les vols durent de 6 à 15 heures, il aura fait de l'ordre de 10 000 vols, appelés aussi cycles. Les essais de fatigue ont couvert environ 50 000 cycles. Il y a donc une solide marge.

***

Il y a encore un autre phénomène que les concepteurs de structure doivent prendre en compte : le flutter. Il s'agit du couplage de deux modes de vibrations de la structure qui est amplifié par l'écoulement aérodynamique.

Pour l'illustrer, prenons un exemple. Une aile se déforme en flexion autour de son point d'attache sur le fuselage. Elle peut aussi se déformer en torsion autour d'un axe allant de son point d'attache à l'extrémité.

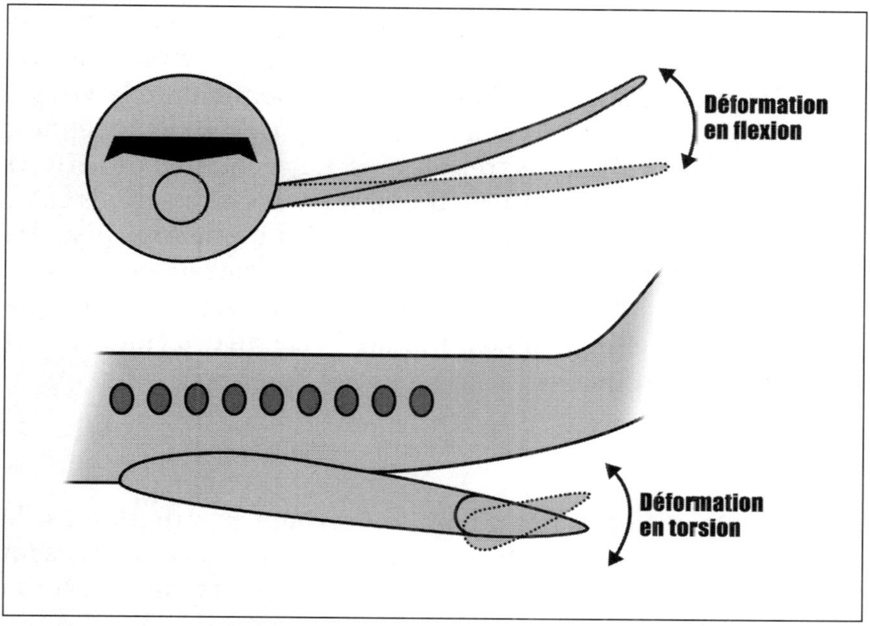

Chacun de ces mouvements en flexion et en torsion modifie les forces aérodynamiques. S'ils ont tous les deux la même fréquence, la variation des forces due à l'un d'eux peut amplifier l'autre mouvement, et inversement. C'est le principe de la balançoire. Si l'on fait un mouvement des jambes à la même fréquence que celle de la balançoire, et avec une phase appropriée, le mouvement va s'amplifier et on va monter de plus en plus haut. Dans le cas de notre aile, l'amplification due au couplage des deux mouvements à la même fréquence peut conduire à la rupture de la structure dans un temps extrêmement bref. Sur un avion de combat, il est arrivé qu'un empennage explose en environ deux à trois secondes à très grande vitesse, conduisant à l'accident. Il est donc fondamental que la conception de la structure prenne en compte ce phénomène de flutter afin de l'éviter. La réglementation exige que des marges considérables soient prises. Par exemple, dans les essais en vol, il faut démontrer que le comportement de l'avion reste normal à des vitesses supérieures de plus de 100 km/h aux vitesses de vol limites pour le pilote. De plus, par le calcul, il faut démontrer qu'il y a encore une marge de sécurité supplémentaire.

***

Dans le domaine structural, pour les concepteurs d'hélicoptères, le problème essentiel est lié aux vibrations. En effet, il y a des efforts oscillatoires qui dépendent de la vitesse de rotation du rotor et du nombre de pales. Cela peut engendrer localement des vibrations très élevées. La prédiction des efforts associés est extrêmement difficile car il y a des interactions entre le rotor et le reste de l'appareil. Le bureau d'études utilise des modèles mathématiques pour cela. Malheureusement, ils sont imprécis et la résolution de ces problèmes passe par une phase d'essais au sol pour comprendre l'origine des vibrations et trouver des solutions.

***

Un autre exemple, peu connu, concernant la structure est le foudroiement. Dans une structure métallique, les passagers sont protégés. En cas de foudroiement, il y a de petits impacts sur la structure, absolument sans conséquence pour la sécurité. En revanche, les structures composites ne protègent pas. Il faut donc effectuer une « métallisation » de la structure pour assurer la protection des passagers, ainsi d'ailleurs que des très nombreux calculateurs. De plus, il faut prendre en compte la protection des réservoirs de carburant.

***

Nous n'avons pas détaillé ici tout ce qui concerne la conception et le dimensionnement de la structure, le but étant seulement de donner une idée générale de la multiplicité des tâches et de leur complexité. De très nombreux paramètres doivent être pris en compte. Tout ne se résume pas à de « simples » calculs qui donnent un résultat immédiat et définitif. Là encore, une coordination avec d'autres disciplines est absolument nécessaire.

LES COMMANDES DE VOL

Dans certaines spécialités, les ingénieurs du bureau d'études doivent progressivement (et quelquefois rapidement !) se reconvertir. Cela a bien évidemment été le cas des spécialistes des commandes de vol mécaniques qui se sont tournés vers les commandes électriques. Il est intéressant de regarder comment cette transition a été faite pour les différents types d'avions.

***

Au tout début de l'aéronautique, le pilote actionnait directement les gouvernes grâce à des bielles, des câbles et des poulies. Mais, avec l'augmentation de la taille des avions, les efforts pour manœuvrer ces gouvernes sont devenus de plus en plus importants. Des dispositifs aérodynamiques pour les réduire ont été inventés, mais ils pouvaient être insuffisants lorsque les efforts étaient vraiment trop élevés, en particulier sur de gros avions ou à grande vitesse, et il pouvait y avoir des limitations.

Plus tard, des servocommandes hydrauliques ont été ajoutées ce qui faisait disparaître les efforts sur le manche ou le volant pour braquer les commandes. Il a donc fallu ajouter un système de restitution d'efforts mécanique pour le pilote. Mais ce type de dispositif ne résout pas tous les problèmes. En effet, sur un avion qui vole vite, les braquages de gouvernes sont petits, tout particulièrement si l'avion vole avec un centre de gravité situé vers l'arrière, alors qu'en approche, à faible vitesse, ils sont importants. Le pilote devrait donc piloter, selon les cas, avec de faibles efforts et déplacements, ou au contraire des efforts importants. Des dispositifs supplémentaires qui corrigent ces effets en fonction de la vitesse doivent donc être ajoutés pour minimiser les inconvénients pour les pilotes.

Pour améliorer le confort, des équipements ont été installés. C'est le cas de l'amortisseur de lacet. L'angle latéral entre le flux d'air et l'axe de l'avion s'appelle le dérapage. Si un dérapage apparaît, un petit braquage de la direction (gouverne à l'arrière de la dérive) le contre automatiquement afin de le ramener à zéro. Ce système permet d'éviter des mouvements latéraux inconfortables. C'est un premier pas vers une commande électrique. Il a volontairement une autorité limitée, de façon à ne pas prendre le risque d'un braquage trop important de la gouverne en cas de panne.

***

Les premières commandes de vol électriques sur un avion de transport sont apparues avec Concorde. Il y avait deux calculateurs analogiques. Il s'agissait de répliquer le fonctionnement qu'auraient eu des timoneries de commandes de vol « classiques » dans tout le domaine de vol, mais en atténuant les particularités liées au vol transsonique et au supersonique. Une timonerie mécanique servait de secours.

Sur les avions de combat, l'introduction des commandes de vol électriques a été beaucoup plus rapide. Mais les appareils étaient tous équipés d'un bon siège éjectable ! Le Mirage IV avait déjà des commandes de vol électriques analogiques sur le gauchissement et la profondeur. Les chasseurs américains F16 et F17 avaient des calculateurs numériques dès le milieu des années 1970. Le Mirage 2000 en était équipé en 1978.

***

Pour les avions de transport, il a été beaucoup plus difficile de franchir le pas du « tout numérique » car il fallait assurer la sécurité des passagers. Airbus l'a fait par étapes. L'A320 est équipé de cinq calculateurs de deux types différents. Mais il a conservé un secours mécanique. En cas de panne totale des calculateurs, le pilote peut revenir se poser (cette situation ne s'est jamais produite en plus de 200 millions d'heures de vol). La manœuvre est délicate, mais tout à fait faisable par un pilote normalement entraîné, sachant que, dans ce cas, on ne lui demande pas de faire un « *kiss-landing* » ! Il pilote l'inclinaison grâce à la direction qu'il braque à l'aide des pédales, et il contrôle l'altitude avec la roue qui commande la position de l'empennage horizontal. Pour ces deux commandes, les câbles ont été conservés pour assurer la sécurité.

En deux étapes, ces sécurités mécaniques ont été supprimées, mais elles ont été remplacées par d'autres systèmes. C'est le cas pour l'A380 et l'A350. Ces avions ont six calculateurs de commandes de vol, de deux types différents, et chacun d'entre eux peut assurer le contrôle complet du vol. Mais, de plus, un calculateur analogique simplifié, incluant de « simples » gyromètres et une alimentation électrique spécifique, peut prendre le relais. C'est le BCM (*Back up Control Module*). Les essais en vol ont d'ailleurs montré la facilité de pilotage avec ce BCM, meilleure que pour les avions à commandes mécaniques !

Comme nous l'avons déjà mentionné, une évolution importante a aussi été le remplacement de certaines servocommandes hydrauliques classiques par des servocommandes électro hydrauliques, c'est-à-dire avec un petit moteur électrique qui fournit l'énergie hydraulique délocalisée.

***

Cet historique rapide de l'évolution des commandes de vol montre que les ingénieurs doivent en permanence s'adapter. L'une des difficultés, comme bien souvent dans l'aéronautique, est de ne pas utiliser trop tôt des technologies qui ne sont pas encore mûres, et qui ne permettent pas d'assurer un niveau de sécurité suffisant pour le transport de passagers, ou quelquefois simplement un niveau de fiabilité acceptable pour les compagnies. C'est la raison pour laquelle les technologies utilisées dans le domaine civil sont souvent en retard sur le matériel militaire, même si, compte tenu du prix de ces derniers appareils, une certaine prudence s'impose pour ne pas risquer d'en perdre un après une « vulgaire » panne.

***

Les évolutions discutées ci-dessus sont la partie visible de l'iceberg. Les ingénieurs spécialistes des commandes de vol doivent en permanence résoudre de nouveaux problèmes ou préparer de nouvelles améliorations. Nous allons illustrer cette activité avec deux exemples.

Vers 1995, Boeing a installé sur le B777, un système automatique de contre de la panne moteur. C'est-à-dire que, lorsqu'un moteur tombe en panne alors que l'autre est à une poussée élevée, la gouverne de direction se braque automatiquement, sans intervention du pilote, afin que l'avion maintienne sensiblement le cap. Toutefois, exceptionnellement, le capteur de détection de panne du moteur peut lui aussi être détruit par la panne du moteur et, dans ce cas, il n'y a plus d'action automatique, et le pilote doit braquer la direction, comme sur un avion « classique ». L'avion russe, Tupolev Tu204, était équipé d'un système similaire, et qui présente évidemment ce même défaut. Même si ces dispositifs ne sont pas parfaits, ils ont été développés alors même que les Airbus avec des commandes de vol électriques n'avaient rien. L'équipe des essais en vol a poussé les ingénieurs du bureau d'études à améliorer les commandes de vol dans ce domaine. Mais ces derniers, avec raison, ne voulaient pas dépendre d'un système de détection de panne installé sur le moteur, et dont le fonctionnement pouvait être aléatoire. Ils ont donc conçu une loi de pilotage qui détecte les dissymétries de poussée grâce à l'analyse des braquages des gouvernes. Si les braquages ordonnés par la loi de pilotage ne sont pas symétriques, c'est qu'il y a une forte dissymétrie de poussée, et donc une panne d'un moteur. La loi de pilotage est alors modifiée avec une augmentation de l'autorité de la direction. Cette dernière se braque automatiquement pour réduire considérablement la dissymétrie. Ces premiers dispositifs ont été installés sur les A330-200 au milieu des années 1990. Mais, plus tard, à partir de l'A380, cette loi de pilotage a été remplacée par une loi complètement différente qui maintient le dérapage en permanence à zéro, c'est-à-dire que la vitesse reste toujours dans le plan du fuselage (sauf très près du sol pour le décollage et l'atterrissage). Le contrôle latéral de l'avion est assuré de manière parfaite en toutes circonstances.

Il y a un autre domaine où le bureau d'études doit faire preuve de clairvoyance pour chaque nouveau programme : il s'agit de l'amélioration du confort en turbulence. Les avions modernes sont flexibles et, dans la turbulence, ils peuvent devenir un peu inconfortables. Lorsqu'il n'y avait pas de commandes de vols électriques, on ne pouvait pas faire grand-chose, hors l'installation d'amortisseurs tels que l'amortisseur de lacet décrit précédemment. Aujourd'hui, les capteurs et les calculateurs permettent d'élaborer des dispositifs qui braquent les gouvernes afin de réduire le niveau de turbulence ressenti par les passagers. Chez Airbus, le premier avion où nous avons été sérieusement confrontés à ce problème a été l'A340-600. Avec son fuselage allongé, il y avait des mouvements latéraux assez importants dans la partie avant, et donc en première classe. Dans le cockpit, nous étions également aux premières loges pour le ressentir. D'ailleurs, nous avions mentionné ce problème à l'issue du premier vol, même si les turbulences rencontrées étaient assez faibles. Les ingénieurs du bureau d'études n'avaient pas encore rencontré un problème de cette ampleur. Vers la fin du développement, il a donné lieu à une scène amusante. Si, côté essais en vol, nous estimions qu'il fallait investir pour résoudre le problème, ce n'était pas l'opinion de tous et, en particulier, la direction du programme hésitait, évidemment pour des raisons financières. Alors nous avons organisé un vol avec pratiquement tous les ingénieurs en chef et directeurs de programmes de la société, ainsi que plusieurs représentants du service commercial. Le but était de rechercher la turbulence et de servir le café à ce moment dans la zone de la première classe. La question posée aux participants était de savoir s'il était acceptable que le café se renverse dans ces circonstances ! La turbulence rencontrée n'a pas été d'un niveau suffisant pour trancher formellement. Néanmoins, la position dominante était plutôt qu'il fallait résoudre le problème. Finalement, l'équipe du bureau d'études a trouvé la solution. Un capteur est installé sur chaque moteur extérieur pour détecter les mouvements verticaux. Les calculateurs actionnent la gouverne de direction avec une phase adaptée pour réduire les mouvements latéraux du fuselage.

Un autre exemple intéressant dans ce domaine est celui de l'A380 où l'un des ingénieurs en charge des commandes de vol a inventé ce qui a rapidement été baptisé « la valse des ailerons ». Chaque aile comporte trois ailerons pour contrôler l'inclinaison. Pour contrer les effets de la turbulence, lors d'une commande en roulis ou d'une correction automatique de l'inclinaison latérale, le braquage des trois ailerons n'est pas identique. Le braquage de l'aileron externe est beaucoup plus faible que celui de l'aileron interne. Celui du milieu se braque comme l'aileron interne, mais avec un retard de 350 millisecondes. Si le pilote inverse rapidement sa commande, les ailerons externe et interne peuvent par exemple être braqués vers le bas alors que, dû au retard, l'aileron central est toujours en haut. Les trois ailerons ne sont donc pratiquement jamais alignés lorsqu'il y a de la turbulence. D'où le nom dont on a affublé cette loi de contrôle ! Ce système étrange est lié au fait que les ailes ont plusieurs fréquences d'oscillation très proches. Braquer l'aileron interne de manière différente des autres permet de « casser » l'une des oscillations et, curieusement, cela réduit considérablement les mouvements de l'arrière du fuselage, et donc améliore le confort.

Si certaines lois de pilotage installées sur un modèle peuvent l'être facilement sur un autre, comme la loi de contrôle à dérapage nul qui est passée de l'A380 à l'A350, ce n'est pas vrai de toutes les lois. Et en particulier, tout ce qui concerne les dispositifs anti turbulence est difficilement transposable d'un type à l'autre car il faut tenir compte des particularités de la structure de l'avion, et donc des modes de vibrations, ainsi que des caractéristiques aérodynamiques et de l'architecture des commandes de vol. De même les lois utilisées au décollage et à l'atterrissage doivent être adaptées à chaque modèle. Il y a du pain sur la planche pour tous les nouveaux appareils !

***

Quelles sont les prochaines étapes sur lesquelles les bureaux d'études doivent plancher dès maintenant. Difficile à dire sans boule de cristal, mais également sans dévoiler des secrets industriels ! Dans le domaine des commandes de vol, il semble difficile de faire mieux et plus sûr que ce qui existe aujourd'hui. Pourtant, les pilotes automatiques peuvent encore progresser. Par exemple, le décollage automatique n'est pas en service, même s'il a déjà été expérimenté, car il n'apporte rien aujourd'hui sur le plan opérationnel. Mais on peut certainement réduire encore les minimas météorologiques de décollage à des niveaux tels que l'automatisme s'imposera. Par ailleurs, l'atterrissage automatique manque de robustesse car de nombreux cas de panne limitent encore son utilisation. C'est un domaine où des progrès sont souhaitables. Enfin, les systèmes de guidage par satellite pour des atterrissages de précision progressent beaucoup trop lentement. J'ai fait personnellement le premier atterrissage automatique en Europe avec un guidage grâce à un GPS différentiel (un « satellite » au sol en plus de la constellation GPS pour améliorer la précision), en novembre 1993, avec un A340. Les progrès sont freinés par une réglementation trop tatillonne.

Il y a certainement encore des progrès à faire sur l'architecture des systèmes de commandes. Ainsi, allons-nous conserver sur les nouveaux avions tous les circuits hydrauliques ? Ou allons-nous poursuivre l'évolution, et avoir uniquement des servocommandes électro hydrauliques afin de réduire la masse ?

La forme générale des avions est dictée par de nombreuses contraintes : l'installation de toutes les portes d'accès à la cabine, en tenant compte des exigences de certification pour l'évacuation d'urgence, l'accès aux soutes et à tous les équipements opérationnels : ravitaillement en carburant, traitement des eaux usées, etc. Il est peu probable qu'il y ait des changements dans ce domaine, sauf si cela conduisait à des gains très significatifs en termes de performances.

Ce qui est certain, c'est que, comme dans tous les domaines, les manœuvres vont être de plus en plus automatisées et, pour cela, tous les systèmes évolueront en conséquence. Mais pour un certain nombre de raisons, il est plus que vraisemblable qu'il y aura toujours des pilotes dans l'avion. Ce sujet intéressant sera discuté dans le chapitre « Y A-T-IL DES LIMITES À L'AUTOMATISATION ? ».

LES SIMULATEURS DE DÉVELOPPEMENT

La simulation joue un rôle fondamental dans les programmes aéronautiques. Elle est nécessaire pour le développement initial, puis pour la mise au point en parallèle avec les vols, et enfin pour faciliter la certification. Les premiers simulateurs sont disponibles plusieurs années avant le premier vol des avions de développement (quatre ans pour l'A380), et plusieurs sont utilisés à plein temps.

***

Les simulateurs de développement sont très différents des simulateurs d'entraînement. Par exemple, ils n'ont pas besoin d'avoir un cockpit totalement représentatif. Peu importe la position des commandes de transfert carburant pour faire des essais de commandes de vol ou de pilote automatique, à supposer même qu'elles soient installées !

En revanche, pour faire la mise au point des logiciels de commandes de vol et pour les essais de certification, le comportement du simulateur doit être aussi fidèle que possible dans toutes les conditions de vol, et même au-delà du domaine de vol normal. Pour cette raison, les calculateurs sont ceux qui sont installés sur l'avion. Ils sont couplés à un logiciel incorporant la meilleure aérodynamique connue de l'appareil afin d'analyser les réactions de ce dernier.

L'aérodynamique des logiciels du simulateur est, dans un premier temps, celle issue des modèles de calcul, puis elle est corrigée par les résultats des essais en soufflerie. Elle est ensuite recalée au fur et à mesure de la progression des essais en vol, dès les premiers vols. Mais ces essais, qui ont des buts très spécifiques, ne sont pas suffisants pour effectuer l'intégralité de ce recalage. Par conséquent, à la demande du bureau d'études, des vols spécifiques, que l'on appelle d'identification, sont effectués pour améliorer les caractéristiques des simulateurs dans certaines parties du domaine (en général une vingtaine de vols dans les premiers mois d'essais). Disposer d'un modèle recalé dont on est certain qu'il est aussi représentatif que possible de l'avion, permet de progresser rapidement dans la mise au point. Le réglage du modèle aérodynamique se poursuit tout au long des vols de développement, et tout particulièrement après chaque extension du domaine de vol, basse vitesse, grande vitesse, etc.

***

L'effet de la « mécanique » représentée par les systèmes hydrauliques, les servocommandes et les gouvernes doit être pris en compte dans la mise au point. Prenons un exemple. Le pilote sort le train d'atterrissage ou les volets en position d'atterrissage. Comme ces manœuvres absorbent généralement un débit hydraulique important, il faut s'assurer qu'il reste suffisant pour activer les commandes de vol, et donc que cela n'empêche pas le pilote de faire évoluer son avion de manière normale. C'est une situation qui n'existe pas lorsque tout fonctionne normalement, mais cela peut éventuellement se produire dans certains cas de pannes.

Chez Airbus, pour chaque type d'avion, il existe un système appelé « *iron bird* » (oiseau de fer), qui comporte les systèmes hydrauliques, mécaniques et électriques (cahier photo n° 1). Les servocommandes sont identiques à celles de l'avion mais les gouvernes sont remplacées par des masses équivalentes. Les vérins de manœuvre des trains d'atterrissage sont installés, avec également des masses à la place des trains. Il en est de même pour les becs et les volets. L'*iron bird* peut être couplé à l'un des simulateurs de développement.

Le bureau d'études dispose ainsi d'un outil où le pilote, à travers le manche, donne des ordres aux calculateurs de commandes de vol qui vont activer les servocommandes de l'*iron bird*. Les braquages des gouvernes qui en découlent sont pris en compte par le modèle aérodynamique pour déterminer le mouvement de l'avion. Finalement, la principale différence avec l'avion est liée à ce modèle. Mais, après plusieurs mois d'essais en vol, le bureau d'études a terminé le recalage aérodynamique dans la plupart des conditions de vol, et le simulateur est devenu raisonnablement fiable.

Cependant cet *iron bird* et le modèle aérodynamique ont leurs limites. La flexibilité de la voilure et du fuselage peut avoir un effet important sur le confort ou la stabilité. L'*iron bird* ne permet pas de prendre en compte ces phénomènes. L'étude des modes oscillatoires et de vibrations de la structure des différents éléments de l'avion peut couvrir ces différents points, mais sans garantie absolue. Le jugement ne peut être porté qu'en vol.

***

Les simulateurs sont utilisés très tôt dans les nouveaux programmes, bien souvent pour la recherche préliminaire. Et, à ce stade, très en amont, il n'y a pas nécessairement besoin d'un simulateur fidèle au point de vue aérodynamique. Par exemple, pour l'A380, le premier simulateur appelé « avion – 1 » a été mis en service environ quatre ans avant le premier vol de l'A380. C'était un système hydride qui utilisait certaines nouveautés de l'A380 associées à l'aérodynamique du plus gros Airbus de l'époque, l'A340-600. Mais il permettait déjà de travailler sur certains principes de fonctionnement des commandes de vol, sur les logiques d'affichage sur les écrans, etc.

Il n'y a pas que des essais de commandes de vol ou de pilote automatique à faire au simulateur. De nombreuses validations des différents systèmes doivent également être exécutées. Il faut donc plusieurs simulateurs aussi proches que possible de l'avion du point de vue des systèmes. Ces simulateurs sont souvent appelés « avion 0 » car ils sont équipés de presque tous les calculateurs de l'avion, et il est ainsi possible de valider les modifications qui sont faites sur les logiciels. Pour chacun des programmes A380 et A350, trois simulateurs de ce type ont été utilisés, chacun d'eux pouvant être raccordé à l'*iron bird*.

Regardons quelques exemples de ce qui peut être mis au point sur un « avion 0 ». Le système de navigation, le *Flight Management System*, est extrêmement complexe, et c'est par lui que passent les ordres de guidage. Le pilote l'utilise en permanence pour gérer la navigation latérale ou verticale. Il y a un travail énorme de validation. Une grande partie de ces vérifications est faite par l'équipementier. Cependant, il faut aussi s'assurer de la compatibilité avec l'avion, et seul l'avionneur peut le faire sur un simulateur de développement. Finalement, très peu de vols d'essais spécifiques sont réalisés pour la mise au point du FMS et des systèmes de navigation (hors atterrissage automatique) en raison du coût de l'heure d'essais en vol. Le simulateur permet de faire plus rapidement, et à moindres frais, quasiment l'intégralité du travail.

Un autre exemple est celui du système présentant les procédures à appliquer en cas de panne (ECAM sur Airbus et EICAS sur Boeing). Cela semble simple car on pourrait imaginer qu'il suffit d'associer une procédure à chaque panne. La vérité est beaucoup plus complexe car, par exemple, une panne partielle du circuit électrique peut avoir des conséquences sur les commandes de vol, l'hydraulique, le transfert carburant, etc., puisque certains systèmes ne sont plus alimentés. Il faut alors gérer les priorités des actions pour l'équipage. C'est encore plus difficile pour toutes les pannes multiples. La complexité des avions modernes conduit à avoir une liste de pannes sans commune mesure avec ce qui existait autrefois (à titre indicatif, plus de mille alarmes sur des appareils types A350 ou A380). Il y a donc la contrainte de toutes les vérifier au simulateur car l'exécution en vol prendrait trop de temps. Ce serait même impossible dans certains cas pour des raisons de sécurité, ou simplement parce qu'on ne peut pas reproduire la situation en vol.

***

En parallèle avec la mise au point des commandes de vol et du pilote automatique, un simulateur et l'*iron bird* sont utilisés pour les nombreux essais de pannes qui sont nécessaires pour démontrer le niveau de sécurité de l'avion. Les vols d'essais coûtent cher et, de plus, l'utilisation des deux ou trois avions d'essais pour de multiples vols de développement et de certification liés aux pannes de commandes de vol conduirait à des délais significatifs pour le programme. Le bureau d'études et les équipes d'essais prévoient donc d'étudier un maximum de ces pannes au simulateur. Les essais en vol ne sont réservés qu'à des cas spécifiques, par exemple pour confirmer un jugement sur la pilotabilité ou pour lever des doutes sur le fonctionnement de l'avion. Ainsi, le simulateur associé à l'*iron bird* risque de ne pas montrer certaines difficultés comme la saturation d'une servocommande en raison d'efforts aérodynamiques trop importants dans des conditions de vol extrêmes. Dans ce cas, la démonstration est faite partiellement au simulateur et partiellement en vol. De même, certaines pannes ne peuvent pas être complètement démontrées en vol pour des raisons de sécurité, d'où cette validation en deux phases. Un exemple : une double panne hydraulique sur un avion qui comporte trois circuits hydrauliques. Cette double panne peut être faite en vol, à la condition de ne pas être trop près du sol car la panne du troisième circuit aurait des conséquences catastrophiques si l'on n'avait pas le temps de reconnecter un des circuits coupés. Par conséquent, l'ensemble des démonstrations associées est effectué en vol, sauf l'approche et l'atterrissage qui ne sont exécutés qu'au simulateur.

***

La simulation est également utilisée pour la mise au point des hélicoptères. Toutefois, la complexité des phénomènes aérodynamiques liée aux nombreuses interactions ne permet pas de faire autant d'essais préparatoires que sur un avion. Les essais de maniement au tout début du programme sont cependant très utiles pour la mise au point initiale.

Comme pour les avions, les essais de panne sont d'abord effectués au simulateur, ce qui permet d'évaluer le niveau de risque si la démonstration doit ensuite être faite en vol.

***

Pour des recherches qui ne sont pas liées à un appareil, mais qui relèvent plutôt d'études générales, les constructeurs disposent habituellement d'un simulateur spécifique qui ne représente aucun avion en particulier, que ce soit au niveau du cockpit, de l'aérodynamique ou des systèmes. Les adaptations nécessaires sont faites en fonction des besoins des essais. Il est ainsi très fréquent que de nouvelles idées soient validées sur ce type de simulateur. Ensuite, si le concept donne satisfaction, avant de l'installer sur une nouvelle machine, des essais sur le simulateur de cette dernière sont faits avec les calculateurs qui seront avionnés.

Beaucoup de nouveaux systèmes passent par cette étape préliminaire qui peut être soit de la recherche, soit du développement, et qui permet ensuite de recueillir l'avis des opérationnels, y compris des pilotes des compagnies aériennes. Si l'ensemble donne satisfaction, il pourra être installé sur les nouveaux avions. Mais il est également arrivé que de tels projets soient abandonnés après ces évaluations.

Un exemple amusant. En avril 1997, nous avons tenu notre première réunion avec les équipages des compagnies potentiellement clientes de ce qui était alors l'A3XX, devenu l'A380. Nous pouvions faire preuve d'imagination et discuter sans tabou, l'appareil n'était pas encore lancé ! Parmi les nouveaux équipements que nous proposions, figurait un système d'évitement automatique des collisions entre avions. À cette époque, les ordres d'évitement donnés par le système TCAS (voir le chapitre « ASSURER LA SÉCURITÉ ET LA RÉGULARITÉ ») devaient être exécutés à la main, et nous voulions tout simplement les automatiser pour rendre la manœuvre plus souple et plus précise car nous nous étions rendu compte que certains pilotes réagissaient beaucoup trop brutalement. Cette idée a été rejetée à l'unanimité par les pilotes. Pourquoi ? Nous n'avons pas eu d'arguments très convaincants. Plusieurs années plus tard, nous sommes revenus à la charge, mais, plutôt que de poser la question, nous avons organisé des séances de démonstration sur un simulateur de recherche afin de convaincre plus facilement. Tous les pilotes participant à cette évaluation ont supporté l'initiative. Très rapidement, après mise au point au simulateur et en vol, le système a été installé sur les A380 sortant de chaîne, puis progressivement sur d'autres types d'avions. Cet exemple montre aussi que, même s'il est évident qu'il faut tenir compte des avis des pilotes des compagnies aériennes, ces derniers n'ont pas toujours l'expérience nécessaire pour évaluer *a priori* le bien-fondé de certaines évolutions de systèmes qui conduisent à des changements de leurs habitudes.

***

La méthode de travail sur un simulateur de développement est complètement différente de celle employée sur un simulateur d'entraînement. Ici il ne s'agit pas de tester un pilote par un instructeur, mais de tester l'avion par un pilote !

Chaque séance de simulateur a un but très précis, et il s'agit d'une séance de travail « dynamique » qui rassemble le bureau d'études et les équipes d'essais, pilote et ingénieurs.

En pratique, pour un avion de transport, tout l'arrière du cockpit du simulateur est ouvert. De nombreux ingénieurs peuvent assister aux essais. Chacun peut commenter (en évitant tout de même la cacophonie !). Les spécialistes opérationnels et ceux du bureau d'études peuvent ainsi avoir une vision commune des manœuvres. En cas de difficulté, il est facile d'échanger des idées sur les réglages à modifier et, lorsque c'est possible, de refaire très rapidement l'essai avec ces nouveaux réglages, ou dans différentes conditions telles que centrage, masse, vitesse, altitude, etc. afin de déterminer les paramètres influents et essayer de mieux comprendre les phénomènes.

Il n'est pas fréquent d'avoir deux pilotes d'essais au simulateur pour la mise au point d'un élément particulier de l'avion. Cela n'arrive que lorsqu'il y a des décisions déterminantes à prendre pour le programme, ou lorsqu'il s'agit de répéter une manœuvre particulière pour un vol. Cependant, les pilotes des autorités effectuant des essais de certification au simulateur sont toujours accompagnés du pilote d'essais et/ou de l'ingénieur navigant responsable du système.

Pour de nombreux essais, il n'est pas nécessaire d'avoir un pilote d'essais car il s'agit de vérifications faites selon un protocole très strict, et donc sans nécessité de jugement. C'est le cas, par exemple, lorsqu'une nouvelle version d'un calculateur doit être validée avant installation sur avion. La première chose à faire est de vérifier qu'il n'y a pas de bug. Ce calculateur est donc installé sur un simulateur de développement pour faire les différentes manœuvres prévues pour cette validation. Dans certaines sociétés, les équipes de simulation disposent donc de leurs propres pilotes pour effectuer ces nombreux essais. Au fil des ans, ces « pilotes simulateur », qui ont évidemment à la base une bonne formation de pilote, ont acquis une telle expérience qu'il est possible d'avancer sérieusement sur le développement en ne faisant appel aux équipes d'essais que pour la mise au point finale.

PARTIE 3

CARRIÈRES & ÉVOLUTIONS

LES CARRIÈRES

Lorsqu'on sort d'une école aéronautique, les connaissances dans une discipline donnée sont finalement plutôt limitées par rapport à ce qu'il faut connaître pour concevoir un nouvel appareil. Les bases sont acquises, mais c'est bien loin d'être suffisant. En effet, ce n'est pas après trente ou cinquante heures de cours que l'on maîtrise la discipline. En débutant dans une société aéronautique, par exemple dans le domaine de l'aérodynamique, après un an d'activité, c'est-à-dire plusieurs centaines d'heures de travail, le jeune embauché aura considérablement progressé. Mais il aura encore beaucoup de choses à apprendre pour être au niveau de connaissances qui assure l'autonomie pour la conception d'une aile.

Les constructeurs embauchent des ingénieurs dans les domaines où ils en ont besoin, sachant que les jeunes se formeront progressivement au contact des anciens. La formation de base des écoles est dans tous les cas très utile parce que chacun doit avoir une vue d'ensemble des problèmes posés par la conception des appareils, donc dans de multiples disciplines.

Cette embauche par les constructeurs peut se faire dès la sortie de l'école. Mais il arrive aussi assez fréquemment qu'elle passe par une société de sous-traitance pour quelques mois ou années. C'est un moyen que les industriels utilisent pour assurer une bonne régulation des effectifs. Dans une période de forte croissance dans le domaine aéronautique, comme c'est le cas depuis bien longtemps, l'embauche chez le constructeur suit en général assez rapidement. Les ingénieurs qui ont fait une thèse ou qui ont travaillé dans des domaines très pointus, et qui ont donc acquis des connaissances particulières dans une discipline, sont plus facilement recrutés directement, sous réserve des besoins.

***

Les premières années d'activité d'un ingénieur dans un bureau d'études sont donc généralement consacrées à une discipline particulière. Il y a une exception sur laquelle nous reviendrons plus loin, c'est l'aviation générale en raison de la petite taille des bureaux d'études.

Plus tard, la question se pose de l'orientation de la carrière. Pour simplifier, il y a trois grandes voies que nous allons détailler : devenir un spécialiste de très haut niveau, encadrer des équipes de conception de différentes disciplines ou sortir du cadre strict de la conception pour d'autres activités techniques dans la société.

Il y a bien évidemment une autre solution, qu'il faut toujours garder en tête, qui est de rejoindre une autre société pour exercer des activités plus proches de ses souhaits ou pour des raisons personnelles. Ce type de changement permet de voir des méthodes de travail différentes et est très profitable pour enrichir son expérience.

***

Les ingénieurs travaillant dans la même discipline pendant de nombreuses années deviennent des spécialistes de haut niveau. En général, ils encadrent des équipes de conception dans un domaine particulier. Ils peuvent être en charge par exemple de valider l'architecture du circuit électrique d'un nouvel avion comme l'A380, préparée par leurs équipes. Leur expérience, acquise en partie grâce aux difficultés rencontrées sur les programmes précédents, leur en donne la compétence. Ils connaissent les erreurs à ne pas faire. Mais ils savent aussi reconnaître les points où l'on peut être raisonnablement optimiste.

Les constructeurs ont absolument besoin de tels spécialistes. À titre d'exemple, quelques jours avant le premier vol de l'A380, le responsable de toute l'équipe de conception des commandes de vol sur tous les Airbus a posé la question à ses jeunes ingénieurs : « Avez-vous mis des filtres sur les manches » (Il s'agit d'un système de filtrage électronique des ordres de commandes envoyés par le manche) ? Ils avaient oublié : un jour de retard pour le premier vol ! Ce n'était pas un problème de sécurité, mais plutôt un respect des règles de l'art. Si cet exemple est absolument anecdotique, la grande expérience de ces spécialistes de haut niveau peut éviter de refaire des « bêtises » qui ont déjà été faites. Malheureusement, l'ensemble des difficultés qui ont été rencontrées dans la mise au point des appareils pendant les trente ou quarante dernières années n'est pas répertorié, et c'est fort regrettable. Seule la mémoire des spécialistes anciens peut y remédier.

***

Comment sortir d'une spécialité pour aller vers des postes de management d'un programme ?

D'abord, il faut en avoir envie ! Mais il faut aussi avoir le profil d'un meneur d'équipe et de décideur. Dans le domaine technique, le poste le plus élevé est celui d'ingénieur en chef dont nous décrirons le travail en détail dans le chapitre suivant. Une formation et une préparation sont nécessaires pour les ingénieurs destinés à avoir des responsabilités dans la conception globale. La principale difficulté est d'acquérir des connaissances suffisantes dans les disciplines dont ils ne sont pas spécialistes. La solution habituelle est de leur donner une position d'adjoint et de coordonnateur auprès d'un ingénieur en chef pendant quelques années. Sans avoir les responsabilités de l'ingénieur en chef auquel ils rapportent, ils voient passer beaucoup de problèmes et peuvent en régler certains.

Cette évolution de carrière telle qu'elle vient d'être décrite vers la direction technique d'un programme n'est pas nécessairement la seule voie. Tout dépend de la personnalité des ingénieurs, de leur formation initiale et de leur parcours aéronautique.

***

Après quelques années de travail dans une discipline, un ingénieur peut souhaiter avoir d'autres activités, comme être plus au contact des clients, soit dans le domaine commercial, soit dans le support. Il peut aussi vouloir s'orienter vers des domaines plus opérationnels, par exemple les essais en vol, l'analyse des incidents, l'établissement des procédures, etc. Dans les chapitres suivants, nous allons passer en revue certaines de ces activités.

L'INGÉNIEUR EN CHEF

L'ingénieur en chef est l'architecte. Son rôle varie selon l'organisation de la société, sa taille et le type de projet. Dans une petite structure, il aura pratiquement tous les pouvoirs sur le plan technique pour décider, à condition, bien entendu, de respecter les spécifications, et de rester raisonnablement à l'intérieur du budget.

Dans une grande société, les bureaux d'études travaillent pour lui, mais il ne les dirige pas nécessairement. Si l'on prend l'exemple d'Airbus, il y a un directeur technique qui gère les bureaux d'études. Cela implique une très bonne coordination entre la direction technique et l'ingénieur en chef, faute de quoi le projet risque d'avoir des difficultés à avancer. Les grandes décisions techniques nécessitent une concertation.

D'autres sociétés sont organisées par programmes fonctionnant de manière relativement indépendante, et l'ingénieur en chef est réellement le patron de son bureau d'études. Quelle est la meilleure solution ? Difficile à dire. Dans la première organisation, l'ingénieur n'a pas à s'occuper de la gestion du personnel du bureau d'études, et cela lui libère donc du temps pour son activité de base : la conception. Mais il perd une partie de son indépendance. Dans le second cas, il doit s'organiser pour se consacrer principalement à la définition technique de l'appareil, qui est la tâche fondamentale, et avoir de solides adjoints pour traiter la partie organisation matérielle. Cette dernière organisation peut également avoir l'inconvénient de limiter les échanges entre les différents programmes dans une même discipline, et donc nuire à la flexibilité de l'organisation de l'entreprise.

***

Il arrive quelquefois que l'ingénieur en chef ne participe pas au projet dès le premier jour, lors de l'étude de l'avant-projet. En effet, de multiples avant-projets sont étudiés en parallèle, par exemple sur différents types d'avions de transport de tailles diverses, et il n'est pas possible de mobiliser un ingénieur en chef sur chacune de ces études. De plus, les études d'avant-projet se font en utilisant des méthodes différentes de celles utilisées pour le développement. Ce n'est donc pas une nécessité que l'ingénieur en chef soit en place à ce stade initial de la définition.

En revanche, dès qu'il apparaît que le projet a de bonnes chances de démarrer, un ingénieur en chef est nommé, et il restera en place pendant plusieurs années, au minimum jusqu'à la certification, car le suivi sur le long terme est essentiel. Il faut qu'un ingénieur de haut niveau garde en mémoire les motivations de toutes les décisions importantes prises au cours de la vie du programme. Cependant, nous avons vu que des projets, par exemple dans le domaine militaire, pouvaient s'étaler sur vingt ans, voire plus. Dans ce cas, une organisation adaptée doit être mise en place pour assurer dans les meilleures conditions la continuité des décisions techniques du programme

***

L'ingénieur en chef est donc en charge de la définition de l'avion. En pratique, il va s'appuyer sur l'ensemble des ingénieurs du bureau d'études, qui sont tous des spécialistes dans leur domaine. Il fait confiance à ces équipes pour les détails de la conception, et il ne prend ou confirme que les grandes décisions sur l'architecture des systèmes ou le type de technologie à utiliser.

Prenons un exemple : le circuit carburant d'un avion long-courrier. La quantité de carburant à embarquer pour faire la mission est connue. Mais le problème est de savoir comment répartir ce carburant. Combien de réservoirs ? Quelle quantité dans chacun d'eux ? Où doivent-ils être (voilure, fuselage, empennage) ? Il faut s'assurer que le centrage reste acceptable en permanence, qu'une fuite dans un réservoir ne conduira pas à des difficultés, que les différents cas de panne de transfert sont bien couverts, que le risque d'explosion est minimisé, etc. Le bureau d'études fait des propositions pour résoudre tous ces problèmes, mais c'est à l'ingénieur en chef de prendre la décision finale. Il peut accepter la proposition, ou rejeter certains éléments parce qu'il estime que cela n'est pas compatible avec d'autres contraintes de la conception, que la sécurité n'est pas assez bien assurée pour certains points, que le système pourrait être allégé avec une architecture un peu différente, qu'il y aura des inconvénients pour l'exploitation par les compagnies aériennes, etc. S'il n'est pas satisfait, il doit réorienter la définition, après discussion avec les spécialistes.

Évidemment, dès qu'une nouvelle difficulté technique sérieuse apparaît, c'est l'ingénieur en chef qui est en première ligne pour résoudre le problème avec ses équipes. Et c'est une tâche permanente car, tous les jours, il y a des imprévus, que ce soit dans la phase de définition ou pendant la mise au point en vol.

Il peut également arriver qu'à la demande de la direction du programme, par exemple sous la pression de compagnies aériennes, des spécifications importantes soient revues relativement tard. Ce fut le cas pour l'A380. Au milieu de l'année 2000, quelques semaines avant le lancement du programme, il a été décidé de réviser à la baisse les spécifications de bruit pour les opérations à Londres Heathrow. Les équipes d'Airbus et les motoristes ont revu « en catastrophe » la conception de l'avion et des réacteurs, et ont lancé des modifications importantes. Sans entrer dans tous les détails, sur le moteur, le diamètre du fan a été augmenté, la nacelle a été allongée, et le traitement acoustique de l'entrée d'air a été amélioré. Différentes modifications aérodynamiques ont également été faites sur l'avion. Tout cela a bien entendu été coordonné par l'ingénieur en chef.

***

Même en étant l'architecte du projet, l'ingénieur en chef n'a pas une totale « liberté de manœuvre ». Tout problème qui mettrait en cause, de manière significative, les délais, le budget, et un non-respect des spécifications doit être revu avec le directeur du programme et, éventuellement, doit remonter à la direction de la société. Comme toujours, il s'agit d'un travail d'équipe où chacun peut agir avec peu de contraintes lorsque tout est conforme aux prévisions. Cependant, les problèmes importants doivent être tranchés par la direction du programme.

***

L'ingénieur en chef ne doit pas prendre de décisions à la légère. Il doit absolument écouter les spécialistes avant toute décision. Toute mauvaise décision technique peut avoir des conséquences néfastes pour la compagnie. Et elle peut quelquefois même conduire à une catastrophe. L'un des exemples les plus célèbres est celui du lancement de la navette spatiale *Challenger*, même si, dans ce cas particulier, les responsabilités sont diluées et ne reposent pas que sur un seul homme. Il était connu que les joints toriques des propulseurs d'appoint à poudre (*booster*) du lanceur présentaient des défauts potentiellement catastrophiques après avoir subi des températures négatives. Les dirigeants n'ont pas voulu écouter les avertissements de certains ingénieurs leur demandant de renoncer au lancement en raison du gel pendant la nuit précédente. La défaillance d'un joint a conduit à une fuite importante de gaz très chaud du *booster* avec des conséquences en cascade : fuite sur le réservoir d'hydrogène liquide et endommagement de la structure du lanceur jusqu'à la rupture. L'analyse des prises de décision par les dirigeants est particulièrement instructive (je vous recommande de la lire). Elle montre que les responsables techniques, quel que soit leur niveau, doivent pouvoir se faire entendre par les décideurs, tout particulièrement lorsque la sécurité est en jeu.

L'ingénieur en chef, et d'une manière plus générale tous ceux qui ont à prendre des décisions techniques, doivent savoir résister à la pression de la direction de la société lorsque les demandes deviennent déraisonnables, le plus souvent d'ailleurs dans le domaine des délais. Ils ne doivent pas cacher les problèmes importants pour faire plaisir aux « Patrons ». Ce qu'on appelle la « green culture » (toujours annoncer que tous les indicateurs sont au vert), et dire toujours « oui » aux demandes de la direction n'est pas une attitude admissible dans une société aéronautique. La direction doit accepter d'entendre ce qui ne lui fait pas plaisir, et ne pas « punir » ceux qui apportent les mauvaises nouvelles, les ingénieurs qui expliquent que les décisions prises ne sont pas bonnes, ou ceux qui mettent en garde contre des solutions ou des délais irréalistes. L'aviation et l'espace restent des domaines à risque, surtout lorsque les concepteurs ne font pas leur travail correctement, et il est donc important que chacun comprenne les dangers, qu'ils soient techniques ou financiers, les deux étant bien souvent liés.

L'ingénieur en chef doit donc avoir une solide force de caractère, en particulier lorsqu'il est confronté à de telles situations. Elles ne sont pas courantes, mais elles ne peuvent être exclues.

***

Comme dans beaucoup de métiers, la principale qualité reste le bon sens. Quelquefois même, il n'y a pas besoin d'être spécialiste pour prendre une bonne décision. Si l'on revient à l'accident de la navette *Challenger* mentionné précédemment, au vu des avertissements parfaitement clairs de plusieurs spécialistes, une simple décision de bon sens de retarder le lancement aurait évité la catastrophe.

L'ingénieur en chef doit avoir une formation multidisciplinaire car, dans la même journée, il pourra être amené à prendre des décisions sur la structure de l'appareil, les commandes de vol, le circuit électrique, le train d'atterrissage, etc. Peu d'ingénieurs ont cette capacité et, une des difficultés majeures de cette industrie est le recrutement de bons ingénieurs en chef. L'une des raisons est que, dans l'aéronautique, tout ingénieur, lorsqu'il débute, est affecté à un groupe spécialisé (aérodynamique, électricité, performances, etc.), et il doit en sortir pour diriger un projet. La formation généraliste des écoles d'ingénieurs est un préalable, mais elle est loin d'être suffisante. Comme nous l'avons déjà vu, la solution retenue est souvent de repérer les personnalités qui pourraient avoir le « bon profil » selon les critères indiqués ci-dessus, et de leur donner initialement un poste d'adjoint à un ingénieur en chef sur un grand projet. Ils auront ainsi l'opportunité d'être confrontés à des problèmes dans de multiples disciplines, tout en ne prenant pas eux-mêmes les décisions les plus critiques.

Cette fonction d'ingénieur en chef est absolument passionnante pour un ingénieur car, à l'entrée en service de l'appareil, il peut avoir la fierté du travail accompli, et il pourra voir « ses » machines en vol pendant de nombreuses années.

LE DIRECTEUR DU PROGRAMME

Le directeur du programme a un rôle multiple. C'est le chef d'orchestre.

Toutefois, les prises de décision pour de très grands projets ne reposent pas que sur les épaules d'un seul homme. Il ne peut pas, de lui-même, décider du budget et des implications commerciales et politiques. Dans ces domaines, toutes les décisions importantes sont prises par la direction de la société, sous une forme généralement collégiale (de préférence !).

***

Dans le domaine technique, la quasi-totalité des décisions est déléguée à l'ingénieur en chef, sauf lorsque cela peut sérieusement remettre en cause des performances, des délais, des coûts ou éventuellement des caractéristiques opérationnelles importantes. Mais, d'une manière générale, lorsque tout va bien, les techniciens voient peu le directeur de programme.

***

En ce qui concerne l'aspect commercial, dans la plupart des sociétés, les équipes de vente ne sont pas directement sous les ordres du directeur du programme. En effet, chacune a son propre territoire qu'elle « cultive ». Les relations de confiance entre vendeurs et acheteurs sont fondamentales, et elles sont établies sur le long terme. Chaque équipe gère les ventes des différents modèles, et non d'un seul type, dans sa région. Lorsque les décisions sont prises de proposer un avion de transport à de nouveaux clients, une discussion doit s'instaurer entre la direction du programme et la direction commerciale, car les objectifs sont généralement antagonistes. Les commerciaux veulent vendre, et, pour cela, ils souhaitent souvent baisser les prix pour être concurrentiels. Au contraire, le directeur du programme doit assurer l'équilibre financier, et il n'a donc pas intérêt à réduire les marges. Pour les contrats très importants, ou qui peuvent être lourds de conséquences car il s'agit d'un client phare, les décisions sont prises au plus haut niveau de la société. L'équilibre est très fragile compte tenu de la concurrence acharnée entre les constructeurs.

***

Le rôle du directeur du programme est particulièrement important pour l'organisation industrielle dont nous avons vu toutes les difficultés. Choisir plus de 500 fournisseurs compétents, respectant les délais, n'est pas une mince affaire. Ceci d'autant plus qu'il y a des implications politiques dont il est quasiment impossible de se défaire car il faut ménager certains États qui sont directement propriétaires des compagnies aériennes. Ne pas laisser une petite compensation de sous-traitance à un industriel de cet État, c'est risquer de perdre le client. Il faut trouver le bon compromis.

Chaque programme apporte son lot d'innovations de la part de tous les partenaires pour réduire les coûts, les masses et améliorer les performances, mais cela s'accompagne aussi de surprises. Le directeur du programme doit gérer tout cela car il suffit du retard d'un seul sous-traitant pour que le développement prenne du retard. Les retards peuvent être dus à des problèmes techniques ou à des difficultés d'organisation industrielle. Il faut donc trouver des solutions qui soient satisfaisantes à la fois d'un point de vue technique, et sur le plan financier et/ou délais. Elles peuvent éventuellement être transitoires afin de ne pas retarder le développement, en prenant les mesures adéquates pour régler les problèmes pour la date d'entrée en service prévue.

La coordination de l'organisation industrielle ne doit pas seulement être faite avec des entreprises extérieures, mais elle doit également l'être à l'intérieur de la société. C'est vrai en particulier dans les très grandes entreprises où les différents sites peuvent éventuellement être concurrents les uns des autres. Il est hautement souhaitable qu'ils travaillent selon les mêmes processus, et malheureusement ce n'est pas toujours vrai, surtout s'il s'agit d'entités qui ont été acquises plus récemment et dont l'intégration n'est pas terminée. Airbus a malheureusement fait la triste expérience de ce manque de standardisation lors de l'assemblage des premiers A380.

***

La gestion du budget est évidemment fondamentale. Et c'est le directeur du programme qui tient les cordons de la bourse. Un budget a été agréé au début du programme, et c'est à lui de le tenir du mieux qu'il peut. Cela ne fait pas toujours plaisir à tous les participants, mais il n'y a pas d'autre solution.

Mais il y a bien plus grave que ces petits écarts mentionnés plus haut. Un exemple nous est donné par le développement de l'A400M. Clairement, les risques inclus dans le développement du programme n'ont pas été estimés à leur juste valeur. Airbus a ainsi perdu énormément d'argent sur ce contrat pour que nos armées européennes aient la fierté d'opérer sur une machine presque complètement européenne. Ce n'est pas le problème d'un directeur du programme qui a mal géré son affaire, mais il s'agit tout simplement d'un contrat qui était irréalisable tel que signé. Certaines personnes au plus haut niveau de la société ont été vraiment imprudentes de faire signer ce type de contrat à la direction d'Airbus. C'est clairement un grave manque de jugement. Les constructeurs de matériel militaire savent que le développement d'appareils pour les armées est franchement plus difficile que celui de machines civiles.

***

Comme dans beaucoup de métiers, la clé de la réussite est souvent associée au bon sens. Et, quelquefois, il n'y a pas besoin de faire des calculs compliqués pour décider. Vouloir passer outre, c'est aller à l'échec.

Un exemple lié à l'A400M. Il était initialement prévu de faire les essais du moteur sur un avion banc d'essais russe. Chez Airbus, côté essais en vol, nous avions averti que c'était une erreur majeure car, pour cela, il fallait donner toutes les informations sur le nouveau moteur aux Russes afin qu'ils puissent l'installer dans de bonnes conditions : plus besoin d'espionnage, les informations étaient livrées sur un plateau ! De plus, il y aurait un pilote russe à bord de l'avion (et peut-être d'autres membres d'équipage) pendant les essais. Donc plus de secrets. Pendant plusieurs mois, personne à la direction du programme A400M n'a voulu nous écouter. Alors j'ai fini par avertir le président d'Airbus qui a immédiatement vu le problème, et l'affaire s'est arrêtée. Mais pour nous « punir », plutôt que d'installer le moteur en position interne sur un A340 utilisé par les essais en vol d'Airbus, avion ayant un grand domaine de vol, certaines personnes ont préféré choisir un avion beaucoup plus petit, en Angleterre, donc hors de la société Airbus. Les essais possibles ont été très limités, et certainement pas en rapport avec les dépenses. C'est l'exemple même de ce qu'il ne faut pas faire au point de vue prise de décision. Une bonne explication avec toutes les parties intéressées autour de la table aurait sans aucun doute conduit à la bonne décision sur le plan coût / efficacité.

Il y a toujours des dépenses imprévues, qui ne sont pas nécessairement liées à un défaut du programme, mais qui peuvent être dues soit à une mauvaise estimation des risques, soit à des éléments extérieurs difficiles à prévoir. Un exemple, tout à fait mineur, mais instructif, est associé aux essais de l'A380. Compte tenu de l'écartement des moteurs, lors des mises de gaz, des cailloux étaient soufflés sur la piste de la base aérienne d'Istres. De tels dégâts n'étaient pas attendus compte tenu de la largeur de la piste et, pour poursuivre les essais, Airbus a dû financer la construction de nouveaux accotements. Le même problème sur la piste de Perpignan où nous faisions nos atterrissages automatiques par fort vent de face, avait bien été anticipé, mais le budget associé n'avait pas été inclus dans les coûts de développement de l'avion !

***

Il n'y a pas de préparation vraiment spécifique à ce type de poste de directeur de programme. Il peut être dévolu à un ingénieur qui a eu la responsabilité de conduire des équipes et de gérer des budgets. Mais il peut aussi revenir à une personne ayant essentiellement un profil de gestionnaire. Finalement, tout est un travail d'équipe. Il faut savoir écouter les autres, surtout lorsqu'on n'est pas soi-même un spécialiste de l'aviation, et trancher avec bon sens.

COMMERCIAL ET MARKETING

Le métier de « vendeur d'avions » nécessite des qualités particulières. Dans beaucoup d'autres domaines, il n'y a pas besoin de grandes connaissances techniques pour vendre, il suffit de bien maîtriser le fonctionnement de l'appareil que l'on présente et ses principales caractéristiques techniques. C'est le cas pour un téléphone portable ou même une voiture. Vraiment peu de clients vont poser des questions techniques difficiles.

Vendre un avion de transport, un chasseur ou un hélicoptère est un exercice franchement différent. Le client va essentiellement s'intéresser aux missions possibles de l'appareil. Par exemple, pour un avion de transport, peut-on desservir telle ville au départ de telle autre, et avec combien de passagers et de fret, compte tenu du vent habituel sur ce trajet ? Il faut calculer les performances et principalement le carburant consommé. Il faudra vérifier que compte tenu de la charge marchande et du carburant que l'on doit embarquer, on peut effectivement décoller de l'aérodrome de départ, même lorsque la température est élevée. Ces calculs sont faits par des services spécialisés de la société. Cependant, les commerciaux doivent bien comprendre toute la logique qui est derrière. Ceci est d'autant plus important que les compagnies aériennes font jouer la concurrence. En conclusion, il est préférable que, dans le domaine de l'aéronautique civile, les commerciaux au contact des compagnies aériennes aient une solide formation technique. En fait, beaucoup d'entre eux sont des ingénieurs.

***

Dans le domaine militaire, les négociations sont habituellement conduites par les États car il y a bien souvent des restrictions sur les ventes d'armement. Cependant, les ingénieurs du constructeur y participent activement. En effet, ils connaissent bien toutes les particularités de l'appareil et de son système d'armes. Les armées n'ont pas toutes les mêmes besoins pour diverses raisons, par exemple leur environnement. Elles peuvent aussi être déjà équipées d'un armement particulier qu'elles souhaitent adapter sur le nouvel appareil. Ce n'est pas toujours facile. Des ingénieurs du constructeur font donc la liaison entre les équipes de vente et le bureau d'études pour faire des propositions.

Il y a assez souvent des transferts technologiques car chaque pays disposant d'une industrie souhaite fabriquer des pièces de l'avion. Cela peut même aller jusqu'au montage. Le but n'est pas uniquement de fournir de la charge de travail aux usines, mais aussi de faire progresser localement les bureaux d'études. Le choix de ces compensations doit être fait de manière sage pour ne pas porter préjudice au programme. Toutes ces décisions sont prises à très haut niveau, avec l'approbation des gouvernements, car les enjeux financiers sont énormes, mais les risques de mettre le pied à l'étrier à un concurrent dans l'industrie militaire doivent également être pris en compte. Les ingénieurs préparant ces choix doivent avoir une très bonne connaissance des opérations de ces avions et, pour les compensations, des possibilités raisonnables de modification de l'organisation industrielle. Presque toujours lorsque les États et les politiques sont dans la boucle, les discussions sont longues. Bien souvent elles s'étalent sur plusieurs années, ce qui n'est généralement pas dans l'intérêt du programme.

***

Comme dans beaucoup d'industries, le marketing est une activité importante pour les constructeurs. Compte tenu des sommes phénoménales en jeu, il ne faut pas se tromper avant de lancer un nouvel appareil ou un dérivé. Même avec toutes ces études, il y a fréquemment des erreurs dans un sens ou dans l'autre. Nous avons déjà vu l'exemple de l'A320 dont le marché avait été complètement sous-estimé. Mais personne n'avait une telle vision du futur pour prévoir la forte croissance du transport aérien et le succès de la machine. Il y a finalement beaucoup d'autres succès chez les grands constructeurs : A330, A350, B737, B777, B787. Il y a aussi quelques échecs, par exemple l'A340-600, un peu trop gourmand en carburant malgré toutes ses autres qualités, et le B748. L'A380 n'est pas un grand succès commercial pour l'instant, mais il n'a pas dit son dernier mot. L'encombrement de tous les aérodromes pourrait changer la donne dans la décennie qui vient.

En caricaturant, si l'on interroge des compagnies aériennes, elles vont souhaiter disposer d'avions à très long rayon d'action, pouvant emporter une charge marchande importante, ne consommant quasiment pas de carburant, et tout cela pour un prix minimal ! Il faut donc canaliser les demandes et essayer de faire la synthèse de ce qu'elles souhaitent pour faire une proposition adaptée. C'est la tâche des ingénieurs en charge du marketing.

Pour illustrer, on peut prendre l'exemple récent de la logique de lancement de l'A321NEO LR (*Long Range*), capable de vols transatlantiques, à la suite de l'analyse faite par les équipes du marketing. Le transport *low cost* transatlantique vient de démarrer avec quelques compagnies aériennes. Il va donc y avoir très prochainement de la concurrence. Or, les avions utilisés aujourd'hui pour ce type de vols sont tous des gros-porteurs, bi couloir, et chers. Les investissements sont très importants, et il faut donc beaucoup de passagers pour les rentabiliser. Cela exclut également des liaisons transatlantiques à partir d'aéroports secondaires. L'A321NEO LR est le premier monocouloir récent à pouvoir remplir cette mission (autrefois le B757, monocouloir, en était capable, mais sa fabrication a été arrêtée en 2004). Airbus a donc déterminé qu'il y avait un marché, puis étudié comment il pouvait y répondre. Les versions NEO de la famille A320 offraient une bonne opportunité avec une consommation réduite de 15 % par rapport à la version initiale. Mais cela n'était pas suffisant. En étudiant la charge marchande et la distance franchissable souhaitées par les clients, la conclusion était claire : il faut ajouter du carburant. Cela nécessitait de modifier la structure et le système carburant pour placer des réservoirs supplémentaires. Tout cela conduisant à une augmentation de masse au décollage, avec les renforts associés : structure, trains, etc. L'équipe marketing a ainsi fixé la mission dans les grandes lignes et le bureau d'études a examiné la faisabilité. Dans tout cela, il faut avoir en tête la limitation des coûts. Et il faut évaluer les bénéfices possibles compte tenu des coûts de développement et du nombre de commandes estimé. La modification doit évidemment être rentable ! Toutefois, il y a bien longtemps, j'ai connu des exemples de versions dérivées simplement lancées pour contrer des initiatives du concurrent, ce qui ne les a pas empêchées d'être des succès !

Dans certaines sociétés non aéronautiques, le marketing n'est pas réellement pris au sérieux par les techniciens. Mais chez les constructeurs d'avions de transport, il joue un rôle fondamental car il doit orienter les études vers la définition de l'appareil souhaité par les clients. Une erreur de sa part peut coûter fort cher à la société.

LE SUPPORT AUX CLIENTS

On ne livre jamais un avion de transport sans fournir au client des prestations de type divers. Beaucoup d'entre elles sont d'ailleurs mentionnées dans le contrat de vente.

***

La formation des équipages est évidemment un point fondamental. Au tout début d'un nouveau programme, elle est effectuée chez le constructeur. Il y a plusieurs raisons. D'abord le nouvel opérateur n'a généralement pas encore reçu ses simulateurs, et si, par chance, il en dispose, ils ne sont pas homologués pour la formation avant la certification. Pour ces premiers équipages, il y a donc un programme d'entraînement mixte entre simulateur et avion, avec généralement plusieurs vols sur des avions de développement, ce qui n'est plus le cas lorsque toutes les formations et les simulateurs sont approuvés.

Pendant la période des vols de développement, des ingénieurs du bureau d'études et des essais en vol doivent préparer un programme très complet de manœuvres standardisées destinées à régler les simulateurs d'entraînement. Il serait évidemment bien plus facile d'utiliser le modèle aérodynamique fourni par le constructeur, associé aux calculateurs de bord. Mais les constructeurs refusent de livrer ce modèle pour des raisons bien compréhensibles de secret industriel. Par ailleurs, les calculateurs embarqués sont beaucoup trop chers. Les concepteurs de simulateurs ont donc pour tâche de préparer un logiciel avec lequel des manœuvres standard effectuées en vol sont parfaitement reproduites dans le simulateur. Cela ne garantit pas une représentativité parfaite de la machine, mais cela reste acceptable compte tenu du but recherché.

Les ingénieurs du bureau d'études, du centre d'entraînement et les pilotes doivent ensuite travailler ensemble pour assurer un bon réglage des premiers simulateurs.

***

Par la suite, la plupart des grandes compagnies n'ont plus besoin des équipes du constructeur car elles disposent de leur propre centre d'entraînement.

Il y a quelquefois des évolutions dans les procédures, des modifications ou des variantes sur l'avion qui conduisent à des adaptations dans la formation. C'est aux équipes du constructeur, pilotes et ingénieurs, de les préparer. Si nécessaire, il faut aider les compagnies à les mettre en place.

***

Les clients doivent disposer d'une importante documentation pour exploiter un appareil. Le constructeur prépare, d'une part tous les manuels de maintenance, et, d'autre part, les manuels de vol pour les navigants : pilotes et équipages de cabine. C'est une énorme tâche pour les ingénieurs et techniciens. Elle commence d'ailleurs bien avant le premier vol. En effet, connaissant la définition des systèmes, il est possible de rédiger une première version de ces manuels. Ensuite, avant la mise en service, il y a le temps pour les revoir, faire la mise à jour en fonction des modifications effectuées sur l'appareil, et affiner les procédures, que ce soit pour la maintenance ou pour le pilotage. Mais c'est quand même un travail pour lequel le temps est compté. Tout doit être prêt pour l'entrée en service, et le constructeur doit donc organiser des équipes très en amont pour ces différentes tâches.

Les procédures évoluent quelquefois, par exemple suite à des incidents. Dans ce cas, une modification est préparée et elle est rapidement envoyée à toutes les compagnies. Pour les pilotes, ces évolutions de procédures sont assez exceptionnelles, mais certaines sont importantes. Des modifications de l'appareil sont ensuite prévues, soit pour supprimer l'anomalie, soit pour introduire la nouvelle procédure sur l'écran dédié, en cas de panne. Il y a donc des procédures transitoires. Cependant, il faut éviter que les pilotes aient à mémoriser de trop nombreux documents spécifiques.

À l'opposé, les évolutions de procédures liées à la maintenance sont fréquentes. Dans la vaste majorité des cas, ces modifications sont mineures. Néanmoins, elles doivent être répertoriées avec soin par les équipes de maintenance de chaque compagnie. À noter d'ailleurs que la surveillance par les autorités pour conserver le statut de station de maintenance approuvée porte assez fréquemment sur la capacité à tenir une documentation parfaitement à jour ! C'est le prix à payer pour la sécurité.

Ainsi, chez les constructeurs, plusieurs équipes d'ingénieurs et techniciens doivent préparer toute cette documentation, ainsi que toutes les modifications. Dans le domaine des procédures opérationnelles pour les pilotes, les ingénieurs en charge doivent avoir une bonne connaissance des opérations aériennes, même si ces évolutions sont toujours validées par un ou plusieurs pilotes. En ce qui concerne la maintenance, il faut évidemment avoir de bonnes connaissances du système concerné, mais également des règles de l'art pour la maintenance. Cela suppose une formation dans ce domaine particulier.

***

Toutes les compagnies aériennes, même les plus grandes, ont besoin d'un suivi personnalisé. Ainsi, les grands constructeurs ont des équipes d'une ou plusieurs personnes sur les grands aéroports internationaux, essentiellement pour des actions de coordination. Les compagnies peuvent recevoir l'assistance de l'équipe locale, sachant que cette dernière peut, à tout instant, si elle ne sait pas répondre à une question, faire appel aux équipes centrales du constructeur. D'un autre côté, cette équipe locale fait la synthèse de difficultés récurrentes qui pourraient être rencontrées par la compagnie pour essayer de trouver des solutions. Cela peut concerner des pannes jugées trop fréquentes sur un système ou des procédures opérationnelles qui ne semblent pas adaptées aux contraintes locales.

Ces ingénieurs ou techniciens du constructeur ne sont pas des débutants. Sans être des spécialistes dans tous les domaines, ils doivent avoir de bonnes connaissances sur la maintenance, à la fois pour aider sur place sans en référer systématiquement à l'équipe centrale, ainsi que pour détecter rapidement des difficultés potentielles et en informer les bureaux d'études. Inutile de dire qu'il est préférable d'être débrouillard car il n'est pas toujours facile de travailler dans des pays étrangers aux habitudes différentes, même si, dans le domaine de l'aéronautique, le niveau de standardisation est très élevé.

À noter que les ingénieurs ou techniciens qui travaillent près des compagnies aériennes ne sont pas obligatoirement passés par le bureau d'études. Il est fréquent qu'ils aient travaillé au préalable à la production des appareils ou avec les équipes de mécaniciens préparant les machines pour les vols.

Pour l'aviation militaire, la situation est similaire. Cependant, sur le plan opérationnel, ce sont fréquemment des pilotes militaires du pays vendeur qui assistent les équipages locaux. En effet, ils disposent d'une expérience opérationnelle dans l'exploitation de l'appareil, et surtout de son système d'armes, que les pilotes du constructeur ne peuvent pas avoir, même si ces derniers connaissent parfaitement les équipements pour les avoir mis au point. Il peut en être de même pour l'assistance à la maintenance. Les militaires préfèrent généralement rester entre eux !

***

Il peut arriver qu'une réparation non prévue par les différents manuels de maintenance soit nécessaire. C'est le cas par exemple si un pilote rate son atterrissage et que le fuselage arrière de l'avion touche le sol (ce qu'on appelle un « *tail strike* »). Une réparation est nécessaire. Si des éléments structuraux essentiels sont endommagés comme un cadre de la structure du fuselage, seul le bureau d'études du constructeur peut définir la meilleure solution de réparation. La remise en état peut éventuellement être faite par le constructeur, mais ce n'est pas obligatoire. Des ateliers d'entretien agréés peuvent exécuter ces travaux selon les plans ou directives du bureau d'études. Lorsque les réparations sont vraiment complexes, il est courant que le constructeur envoie des techniciens sur place pour assister les équipes et assurer la coordination.

***

Ainsi le support aux clients est une activité absolument fondamentale pour un constructeur. Que diriez-vous si le constructeur de votre voiture ne fournissait pas ce type de service : peu de garages, documentation défectueuse ou manque de pièces détachées ? Tout le monde y est donc très attaché, et beaucoup d'ingénieurs et de techniciens sont donc affectés à ce service. Ils sont d'origines diverses mais, lorsqu'ils sont au contact des clients, il est préférable qu'ils aient une solide expérience, surtout dans le domaine de la maintenance, et qu'ils soient débrouillards.

LES ESSAIS EN VOL

Les activités des essais en vol sont expliquées dans un livre de la même série : « MÉTIERS DE L'AÉRONAUTIQUE - ESSAIS EN VOL ET MISE AU POINT ». Pour les ingénieurs, une carrière d'ingénieur navigant d'essais ne commence pas avant d'avoir acquis un minimum d'expérience dans l'aéronautique, c'est-à-dire en général vers trente ans. C'est une nouvelle orientation de carrière, mais la mise au point est très liée aux activités du bureau d'études.

De nombreux détails sont donnés dans le livre en référence. Toutefois, comme un certain nombre de jeunes peuvent souhaiter en faire leur métier, quelques informations générales sont données dans ce chapitre.

***

Lors de la conception de l'avion, les équipes d'essais travaillent avec le bureau d'études à la définition, et particulièrement à tous les aspects opérationnels. L'expérience des navigants est particulièrement utile pour définir les interfaces entre l'appareil et les équipages. Un travail considérable doit être fait sur tous les systèmes de façon à les rendre aussi simples à utiliser que possible.

Les échanges entre bureau d'études et essais en vol se poursuivent pendant la mise au point de l'avion. Il faut d'abord établir le programme d'essais en vol. Les concepteurs du bureau d'études connaissent les points d'essais qui sont nécessaires à la validation. Les pilotes et ingénieurs d'essais doivent quelquefois adapter ces points pour des questions de sécurité, de faisabilité ou d'efficacité.

En cas de problème, une discussion entre ces équipes permet de rechercher la solution la plus adaptée. Ainsi, à l'issue de chaque vol, le débriefing, avec la participation de l'équipage et de tous les ingénieurs concernés, est extrêmement important pour analyser les anomalies rencontrées, discuter des évolutions qui pourraient être nécessaires et décider de la suite du programme d'essais.

Un travail commun doit également être fait avant le début des vols sur la définition de l'installation de mesures et sur la liste des paramètres enregistrés. Par rapport à ce qui se faisait il y a plusieurs dizaines d'années où il y avait de nombreux capteurs dédiés spécifiquement aux essais, tout ceci est devenu plus facile car beaucoup de paramètres sont également utilisés par les calculateurs de l'avion, et ils sont disponibles sur le réseau de bord. Il ne reste à considérer que quelques informations spécifiques comme des efforts dans la structure, des pressions locales, etc.

***

Les essais en vol sont organisés de manière très différente selon les constructeurs. Prenons quelques exemples.

Pour les essais des avions de transport Airbus, des ingénieurs navigants sont à bord et ils conduisent le vol. Ils sont assistés, en salle de télémesure, par une équipe où se trouvent des spécialistes de différentes disciplines du bureau d'études.

Pour les essais d'hélicoptères Airbus, un ingénieur d'essais est également à bord pour conduire le vol, avec également un suivi par télémesure.

Chez Dassault Aviation, que ce soit pour les avions de combat ou d'affaires, les vols sont conduits par un ingénieur d'essais, non navigant, en salle de télémesure, entouré des spécialistes des différentes disciplines.

Pour les avions Boeing, l'ingénieur du bureau d'études responsable de l'essai est à bord de l'avion, et il dirige « son » essai. Ces vols sont aussi suivis par la télémesure.

***

Alors que les ingénieurs des bureaux d'études sont plutôt des spécialistes, les ingénieurs d'essais doivent avoir une vue plus globale des conditions de vol pour des raisons de sécurité et d'efficacité. Ils doivent avoir une connaissance suffisante du fonctionnement des avions et de tous ses systèmes. Même si leur formation n'a pas besoin d'être au niveau de celle des pilotes du point de vue de la conduite opérationnelle du vol, elle doit inclure tous les éléments de base concernant la physique du vol et les limitations. D'ailleurs, en Europe, les ingénieurs navigants d'essais doivent suivre une formation spécifique, avec les mêmes cours au sol que les pilotes. Et cette formation se généralise dans le monde car toutes les sociétés aéronautiques en ressentent la nécessité. Elles ont bien compris qu'elles ne pouvaient pas se lancer dans les essais en vol d'un nouvel appareil ou même d'une modification importante sans avoir les bases de ce métier.

En Europe, deux niveaux de formation sont prévus pour les pilotes ainsi que pour les ingénieurs navigants. La classe 1 autorise tous les types d'essais, et la classe 2 seulement les plus simples. Pour la classe 1, le stage complet dure environ un an et, pour la classe 2, il est beaucoup plus court. Les constructeurs font souvent faire le cours en deux étapes avec une passerelle entre les classes 2 et 1. Par exemple, chez Airbus, la classe 2 est réservée aux ingénieurs et pilotes effectuant les vols de sortie de la chaîne de production et des vols d'essais simples. En fonction des besoins et de leurs souhaits, les meilleurs éléments suivent un stage de transition pour passer au niveau 1.

***

La spécialisation est assez fréquemment conservée lorsque les ingénieurs deviennent navigants. Par exemple, un spécialiste moteur du bureau d'études pourra très vite coordonner des essais sur les moteurs. D'ailleurs, il est beaucoup plus facile de transformer un spécialiste moteur en ingénieur navigant que de former un navigant aux complexités du fonctionnement des réacteurs ! Mais tout cela n'est pas systématique car, dans certains domaines, il est relativement rapide pour un navigant d'acquérir les connaissances lui permettant d'effectuer les essais.

Les navigants doivent avoir une bonne connaissance de tous les systèmes car, au cours du développement, il y a des limitations, plus ou moins importantes, sur chacun d'eux. Par ailleurs, il arrive couramment au cours d'un vol d'effectuer plusieurs types d'essais avec des ingénieurs navigants de différentes spécialités. C'est une manière pour chacun d'eux de mieux connaître les activités des autres domaines.

L'ANALYSE DES INCIDENTS ET DES ACCIDENTS

Chaque constructeur dispose d'un département indépendant du bureau d'études pour étudier tout ce qui concerne la sécurité des vols, analyser les incidents graves et suivre les enquêtes après accident. Il est souvent rattaché au directeur général. Cette indépendance est fondamentale car, en matière de sécurité des vols, les opinions doivent pouvoir être exprimées librement, sans crainte de sanction par un supérieur hiérarchique.

***

Malheureusement, il y a quelquefois des accidents. Les règles internationales établies par l'OACI prévoient explicitement l'organisation à mettre en place dans ce cas. L'enquête technique est dirigée par les autorités du pays où s'est produit l'accident. Y participent de droit : des représentants des États d'immatriculation, de l'opérateur et du constructeur (éventuellement conception et construction si les pays sont différents). Ainsi, seuls les représentants des autorités sont membres de la commission d'enquête. Le constructeur n'est admis à participer que comme conseiller. Il en est d'ailleurs de même du motoriste et éventuellement des équipementiers. Mais la présence de ces conseillers est fondamentale car aucun des membres de cette commission ne peut connaître dans le moindre détail le fonctionnement de l'avion et du moteur en raison de la complexité de tous les systèmes.

Cette enquête, sous l'égide de l'OACI, a pour but de déterminer les causes de l'accident et de faire des recommandations pour éviter que cela ne se reproduise. Le but n'est en aucun cas de déterminer les responsabilités.

À noter que de telles enquêtes peuvent être effectuées, dans les mêmes conditions, à l'occasion d'incidents majeurs ou lorsqu'un accident a été évité de justesse.

***

Lorsqu'un accident se produit, une petite équipe du constructeur part immédiatement sur les lieux (sauf si l'épave est en mer). Il faut plusieurs ingénieurs car, selon le lieu et les circonstances, les situations peuvent être complexes à gérer en temps réel. Il faut d'abord une personne qui puisse immédiatement identifier sur place la position de toutes les pièces vitales de l'appareil. Seul un technicien du constructeur ayant une parfaite connaissance physique de la machine est en mesure de le faire.

Mais, en parallèle, il faut rechercher les deux appareils enregistreurs des paramètres de vol et des conversations. Lorsqu'ils sont retrouvés, ils sont analysés avec beaucoup de précautions. Quelquefois, le pays enquêteur ne dispose pas des bons moyens de décryptage, et il faut donc transférer rapidement l'un ou/et l'autre des enregistreurs dans un laboratoire disposant des équipements nécessaires. Selon les cas, et à la demande des autorités, la première visualisation ou lecture peut se faire hors de la présence des constructeurs. Ceci est d'ailleurs plutôt absurde car, en finale, ils devront bien voir ou écouter ces enregistrements pour aider à l'analyse de certains détails techniques !

Les règles OACI imposent à l'État en charge de l'enquête de remettre son rapport dans un délai d'un an, avec un rapport préliminaire factuel dans un délai très court. Toutefois, ces délais sont aménagés dans des circonstances particulières, par exemple si la récupération des enregistreurs est particulièrement longue (comme pour le vol Rio - Paris). Après la publication d'une première version de ce rapport, toutes les parties concernées ont deux mois pour faire des commentaires. Pour les constructeurs, ce sont les ingénieurs du département sécurité des vols qui en sont chargés avec éventuellement l'aide du bureau d'études et quelquefois des avocats.

***

Mais, en cas d'accident, les difficultés pour ces ingénieurs ne s'arrêtent pas là. En effet, selon les États, une enquête judiciaire dont le but est différent peut être ordonnée. Cette fois, il faut déterminer le ou les responsable(s). Les enquêteurs ne sont pas les mêmes et, malheureusement, ils n'ont pas toujours les compétences des enquêteurs officiels. De plus, il arrive qu'ils ignorent les résultats de l'enquête technique. Les juges ne sont pas des spécialistes, et ils sont rarement compétents en matière aéronautique. Tout cela ne facilite pas les choses.

Les enquêteurs du constructeur doivent donc participer à cette enquête judiciaire. Ils sont assistés par des avocats, mais ils coordonnent toutes les activités techniques. L'une des difficultés est la durée de ces enquêtes qui peut dépasser dix ans. On se demande bien pourquoi car, sur le plan technique, grâce en particulier à tous les enregistrements, la vérité est rapidement établie.

Les procédures juridiques sont complexes, et il est courant que les expertises soient refaites plusieurs fois en raison d'une faute de procédure, d'une contestation ou d'un appel. Le troisième groupe d'experts judiciaires doit rendre son rapport dans l'accident du vol Rio - Paris de juin 2009 au second semestre 2018 (est-ce le dernier rapport ?).

Pour cette activité d'enquêteur, il faut de préférence des ingénieurs déjà expérimentés. Il n'est pas nécessaire d'être spécialiste car, si des détails sont recherchés, on les trouvera auprès des concepteurs du bureau d'études ou des opérationnels des essais en vol. Il n'y a jamais urgence à répondre dans la minute à une question.

***

En dehors de cette activité d'enquête sur les accidents ou incidents majeurs, ce département a pour tâche de soulever les points importants concernant la sécurité sur les avions produits par la société, et pousser pour prendre les décisions destinées à l'améliorer. Cependant, il faut être raisonnable. Lors du développement de nouveaux programmes, des systèmes sont développés pour améliorer les appareils. Mais les installer sur les autres types déjà en production pourrait être complexe et coûteux pour un gain marginal au point de vue sécurité (c'est comme si on imposait l'installation d'ABS et d'airbags sur les voitures très anciennes). Il faut donc trouver le juste milieu. Généralement, pour chaque programme, des ingénieurs travaillant avec l'ingénieur en chef assurent la liaison avec le département sécurité des vols afin de préparer les décisions en mettant sur la table les avantages, les inconvénients, les coûts, les délais, etc.

La difficulté est quelquefois de détecter les failles. Par exemple, il y a eu un accident sur un Boeing à l'atterrissage parce que les pilotes n'avaient pas surveillé les manettes de puissance pendant plus d'une minute, alors qu'ils auraient dû réagir après 3 secondes au maximum selon les règles de certification. Ils avaient bien commis une erreur. Néanmoins, nous avons vérifié sur nos avions ce qui se passait. Pas d'accident possible dans les mêmes circonstances, sauf pour l'un des modèles. Une modification a été faite. Ainsi l'analyse d'un accident sur un avion du concurrent nous a conduits à faire une amélioration, même si, du point de vue de la certification, elle n'était absolument pas obligatoire.

Il est important dans ce métier de devancer les risques. Un accident mortel n'est pas tolérable. Les ingénieurs doivent en permanence se poser la question de la nécessité d'une modification si une anomalie potentielle est détectée. Pas question de « cacher la poussière sous le tapis » !

LA CONCEPTION DES AVIONS LÉGERS

Tout ce que nous avons décrit dans les chapitres précédents s'applique à la conception d'avions de transport, de combat et d'hélicoptères. Cependant, chez les constructeurs d'avions légers, l'organisation est assez différente. D'abord la complexité des machines ne justifie pas une telle spécialisation de tous les ingénieurs. Par ailleurs, les budgets sont limités et ne permettent pas une optimisation aussi poussée.

***

L'optimisation aérodynamique des petits avions est relativement simple car les profils de voilure dans ce domaine de vol sont bien connus, même si le choix n'est pas forcément évident comme vous pourrez le voir dans l'histoire du lancement du TBM700 racontée en annexe. Néanmoins, il n'y a pas pour chaque nouveau type de machine une optimisation aérodynamique en 3D de l'ensemble de la voilure comme cela se fait sur les nouveaux avions de transport. Comme toujours, la recherche des performances est au centre des préoccupations, mais faire une optimisation aussi poussée, donc très onéreuse, pour gagner 1 % de consommation est rarement rentable. Les constructeurs préfèrent souvent en rester aux profils de voilure classiques qui ont fait leurs preuves.

L'architecture de l'avion est importante. Et c'est là qu'il faut des aérodynamiciens compétents. Il faut bien positionner et dimensionner l'empennage et la dérive. La conception et la dimension des gouvernes sont également importantes pour obtenir un avion facile à piloter. Cela n'empêche pas toujours de rencontrer des surprises au moment des essais en vol !

Aujourd'hui, les méthodes de calcul par éléments finis sont largement répandues dans tous les domaines et, bien entendu, elles sont utilisées pour le calcul de la structure des avions légers.

Les systèmes à bord sont plutôt simples et, le plus souvent, un seul ingénieur peut coordonner cette activité. Il y a peu d'équipements fabriqués spécialement pour un avion léger donné, et tout est conçu à partir de ce qui existe sur le marché. Il suffit de bien choisir ! L'avionique prend aujourd'hui une place très importante avec les *glass cockpits*, mais là encore, le constructeur choisit parmi les offres disponibles et la personnalisation reste minimale ou même inexistante pour l'installation.

***

Comparé à l'aviation de transport et aux avions militaires, le marketing est très différent pour les avions légers. Nous avons vu dans le chapitre consacré à l'aviation générale que l'initiative des propositions revenait aux constructeurs et qu'il ne fallait pas attendre de réelles suggestions de la part des clients.

L'organisation commerciale est également différente. Il n'y a pas besoin d'ingénieurs pour calculer les missions, choisir la masse au décollage et la puissance des moteurs les mieux adaptés. La vente s'apparente plus à celle des voitures. Le client choisit sur un coup de cœur : le plus bel avion, le plus rapide, le mieux équipé... compte tenu de son budget ! Il faut savoir faire envie. Les commerciaux sont des pilotes expérimentés connaissant bien la machine.

***

La documentation à préparer pour les clients est similaire à celle des plus grosses machines, mais évidemment moins volumineuse : manuels pour les pilotes, pour la maintenance et répertoire de pièces détachées. Pour faciliter l'organisation, la petite équipe en charge de cette documentation doit, de préférence, être proche du bureau d'études car elle a en permanence besoin d'informations sur la définition.

En dehors de cet aspect documentation, le support type « après-vente » est essentiellement limité à la livraison des pièces détachées. Il n'y a pas de suivi auprès des opérateurs, sauf exception pour des sujets particuliers.

Pour les avions un peu plus complexes, des programmes de formation des pilotes sont préparés. En effet, pour des pilotes peu expérimentés, il faut assurer une bonne transition entre les petits avions et une machine beaucoup plus performante, du type du TBM900 (version dérivée du TBM700), équipée de systèmes plus élaborés. C'est une question de sécurité. Et d'ailleurs, certains assureurs, particulièrement aux États-Unis, exigent ce type de formation, quelquefois renforcée par une obligation d'être accompagné par un pilote expérimenté pendant plusieurs dizaines d'heures de vol.

Occasionnellement, tout comme pour les gros avions, le bureau d'études peut être amené à définir des solutions de réparation après un accident.

***

L'organisation des essais en vol répond aux mêmes règles que pour les machines plus grosses. Généralement, à bord, il y a un pilote d'essais et un ingénieur navigant. En dehors d'essais particuliers où les risques sont très élevés, comme les vrilles ou l'ouverture du domaine de vol (vols à très grande vitesse au début d'un programme), il y a rarement un suivi par télémesure compte tenu des coûts associés. Il est souvent remplacé par un suivi radio. Il permet à l'équipage de récupérer rapidement une information qui pourrait l'aider dans ses essais alors qu'il est en vol.

En cas d'accident sur un avion livré, il est relativement exceptionnel que le constructeur participe à l'enquête. S'il y en a une (ce qui n'est pas le cas dans tous les pays), le rapport officiel lui est transmis pour commentaire comme pour les plus gros avions. En revanche, les éventuelles procédures judiciaires sont similaires.

***

Finalement, les ingénieurs travaillant chez un constructeur d'avions légers ont la chance de pouvoir « toucher à tout ». Ils acquièrent très rapidement une expérience multidisciplinaire compte tenu de la petite taille des bureaux d'études et de la multitude des tâches à accomplir. Chacun doit être capable de travailler dans les domaines où les difficultés apparaissent et doit faire preuve, plus qu'ailleurs, de débrouillardise. Pour ces raisons, quelques années dans un bureau d'études d'un constructeur d'aviation générale sont particulièrement utiles lorsqu'un ingénieur souhaite aller voir sous d'autres cieux, par exemple chez un « grand » constructeur.

Il est aussi intéressant de participer plus directement et activement à la création d'un nouvel avion, alors que, pour les grosses machines, on peut avoir l'impression de n'être qu'un petit maillon de la chaîne (mais important quand même !).

LES FORMATIONS

Aujourd'hui, l'industrie aéronautique est internationale. Que ce soit pour Airbus, Boeing ou pour les autres constructeurs, tous les pays industrialisés du monde fabriquent des « morceaux d'avion ». Le recrutement est tout aussi international. Ainsi, les bureaux d'études d'Airbus en France ont des ingénieurs de toute nationalité, même si la majorité est européenne.

Les cycles de formation ne sont pas identiques dans les différents pays européens, avec des « bizarreries » héritées de l'histoire. Par exemple, en France, un diplôme d'ingénieur ne peut être délivré que par l'une des 210 écoles agréées. Les formations s'étalent sur cinq ans avec deux années de cycle « préparatoire » suivies d'un concours, puis trois ans de cycle « ingénieur ». Certaines écoles proposent un cycle « intégré » postbac, qui assure la formation complète (moyennant évidemment d'être au niveau !).

Mais, le métier d'ingénieur peut être pratiqué sans avoir un diplôme de l'une de ces écoles. D'ailleurs, les autres pays n'ont pas de système similaire à ces « grandes écoles », alors il faut bien rendre les systèmes de recrutement compatibles. Ainsi, de nombreuses formations équivalentes sont dispensées par les facultés au niveau licence et master. De plus, il est possible de poursuivre une formation d'ingénieur dans certaines écoles après une formation universitaire ou un DUT (diplôme universitaire de technologie) ou un BTS (brevet de technicien supérieur).

Il existe donc aujourd'hui de très nombreuses filières de formation aéronautique, à différents niveaux et dans différentes spécialités, via les écoles ou l'université. Certaines formations sont plus spécialisées. Par exemple, elles peuvent prédisposer plutôt à une activité initiale dans le domaine de la production ou de la maintenance. Mais il ne faut surtout pas généraliser. Même si, à un instant donné, il n'y a pas de place dans une spécialité donnée, la croissance permanente de l'industrie aéronautique permet, en général, à chacun de trouver sa voie, sauf quelquefois dans certains domaines où la demande est plus importante avec peu de places.

***

Autrefois, on apprenait péniblement l'anglais à l'école, et beaucoup ne le parlaient pas suffisamment couramment pour tenir des réunions. J'ai des souvenirs des années 1970 et 1971, alors que je travaillais comme jeune ingénieur d'essais sur le programme Jaguar, avion d'appui tactique construit en coopération par Breguet (repris par Dassault) et British Aircraft Corporation. Toutes les réunions d'avancement étaient conduites avec une interprète ! C'est évidemment totalement impensable aujourd'hui.

Une bonne maîtrise de l'anglais technique est absolument indispensable. Chez Airbus, tous les rapports ou notes sont faits en anglais. Dans une réunion à Toulouse, il suffit qu'une seule personne ne parle pas le français pour la tenir en anglais. Récemment, je faisais une conférence sur les essais en vol à l'École nationale supérieure de l'aéronautique à Toulouse. J'avais à peine commencé en français, et j'ai entendu des protestations au fond de la salle : des étrangers venus suivre des cours, mais qui ne maîtrisaient pas le français. J'ai vite compris et je suis passé à l'anglais (heureusement les slides étaient déjà en anglais !).

En pratique, la meilleure façon de bien se préparer est de suivre un complément de formation d'un an, ou au minimum d'un trimestre, dans une école étrangère : Royaume-Uni ou États-Unis.

***

La formation que l'on acquiert dans ces écoles et universités est importante. D'abord, elle couvre des matières de base comme l'aérodynamique, la mécanique du vol, le calcul des structures, etc. qu'on ne peut pas ignorer lors de la conception d'un avion. Elle est généraliste et survole beaucoup de domaines, à l'opposé de ce que l'on va faire pendant les premières années chez un constructeur où l'activité va être très spécialisée. C'est l'occasion d'avoir une vue d'ensemble du fonctionnement de tous les systèmes de l'avion. Une telle opportunité ne se reproduira plus tard que lors d'une évolution de carrière si l'on accède à un poste de coordination auprès d'un ingénieur en chef, si l'on participe aux essais en vol, ou même dans certains départements de support aux clients.

Selon les écoles, il y a des stages en entreprise ou/et des projets de fin d'année. L'intérêt des stages est très varié. Dans le meilleur des cas, le jeune stagiaire commence à travailler sur un nouveau système qu'il continuera à développer après son embauche dans la même société. Quelquefois, ces stages ont moins d'intérêt. Il faut dire que la recherche d'un sujet de stage est parfois difficile pour les industriels car, dans l'aéronautique, entre l'idée et l'installation sur l'avion après développement et certification, il s'écoule bien souvent au moins dix ans. Alors difficile de caser un stage de quelques mois dans un tel cycle, sans la moindre souplesse sur les dates, alors même que les plannings de développement sont fréquemment ajustés.

LES MÉTIERS CHANGENT

Ce n'est pas un scoop, les métiers changent. Certains apparaissent et d'autres disparaissent ou évoluent. Il suffit de regarder le domaine de la téléphonie où, en une cinquantaine d'années, nous sommes passés de l'époque où il fallait passer par une standardiste pour obtenir le « 22 à Asnières », selon l'histoire bien connue des anciens, au téléphone mobile à la disposition de tous, pratiquement n'importe où dans le monde.

Les concepteurs de commandes de vol sont passés des systèmes avec câbles, bielles, poulies et diverses interfaces mécaniques aux calculateurs. Il leur faut maintenant concevoir une architecture robuste aux pannes avec différents types de calculateurs et des lois de pilotage élaborées avec de multiples paramètres.

En 1961, j'ai passé un CAP (certificat d'aptitude professionnelle) de dessinateur industriel, en parallèle avec mes études au lycée. Je devais concevoir des systèmes mécaniques sur la planche à dessin. Vingt-cinq ans plus tard, le métier avait disparu sous cette forme. Ces systèmes étaient conçus en utilisant des ordinateurs (que l'on trouverait rudimentaires aujourd'hui !). Il y avait un gain de temps important, et les risques d'erreurs étaient réduits grâce aux possibilités de visualiser en 3D.

La technologie fait évoluer les professions, dans l'aéronautique comme ailleurs. Mais, il est difficile de savoir ce que feront les concepteurs d'avions dans une vingtaine d'années. Tout au plus peut-on imaginer quelques tendances.

***

Les ingénieurs doivent en permanence être prêts à se reconvertir. Nous venons d'en voir un exemple avec les commandes de vol électriques. Mais c'est bien la vocation d'un ingénieur de toujours savoir se remettre en question.

Il faut noter que cette évolution a quelques conséquences négatives que les constructeurs d'avions doivent savoir gérer. Par exemple, aujourd'hui, dans le domaine des commandes de vol, les jeunes ingénieurs maîtrisent parfaitement la technologie des commandes électriques, mais plus celle des commandes mécaniques. Cependant, la durée de vie des avions est longue, et il y a encore des avions à commandes mécaniques qui volent (et il y en a encore pour au moins dix ans pour les Airbus), de même que certains avions plus légers ne sont pas encore passés aux commandes électriques, et n'y passeront vraisemblablement jamais en raison du coût trop élevé. Il y a donc une perte des connaissances qui peut être gênante.

***

Comme nous le verrons dans le chapitre « Y A-T-IL DES LIMITES À L'AUTOMATISATION », il est certain que nous allons vers plus d'automatisation. Il ne s'agit pas simplement de concevoir des systèmes avec plus d'intégration informatique, mais il faut aussi les concevoir plus conviviaux et plus faciles à utiliser. La réflexion des ingénieurs ne devra donc pas uniquement porter sur cet aspect matériel, mais elle devra davantage prendre en compte les aspects humains. La définition des interfaces a un poids considérable dans l'aéronautique, et il est d'autant plus important que les systèmes sont plus complexes. Si l'on peut comparer aux téléphones mobiles, les ingénieurs devront concevoir des systèmes où toutes les fonctions sont accessibles facilement et sans erreur possible. La raison est simple : faire une fausse manipulation sur un téléphone n'a pas de conséquence sur la sécurité, ce qui n'est pas toujours le cas dans un cockpit.

Ces aspects sont aujourd'hui bien pris en compte par des spécialistes des « *Human Factors* » qui doivent s'assurer avant la mise en service de tout système que l'utilisation est facile et que les risques d'erreur sont minimisés. Il est probable que, dans le

CAHIER PHOTOS N°2
– ANNEXES –

Spoilers braqués en vol d'un A350

Volant d'un Boeing 747

Manche d'un Airbus.

Pédales d'un Airbus.

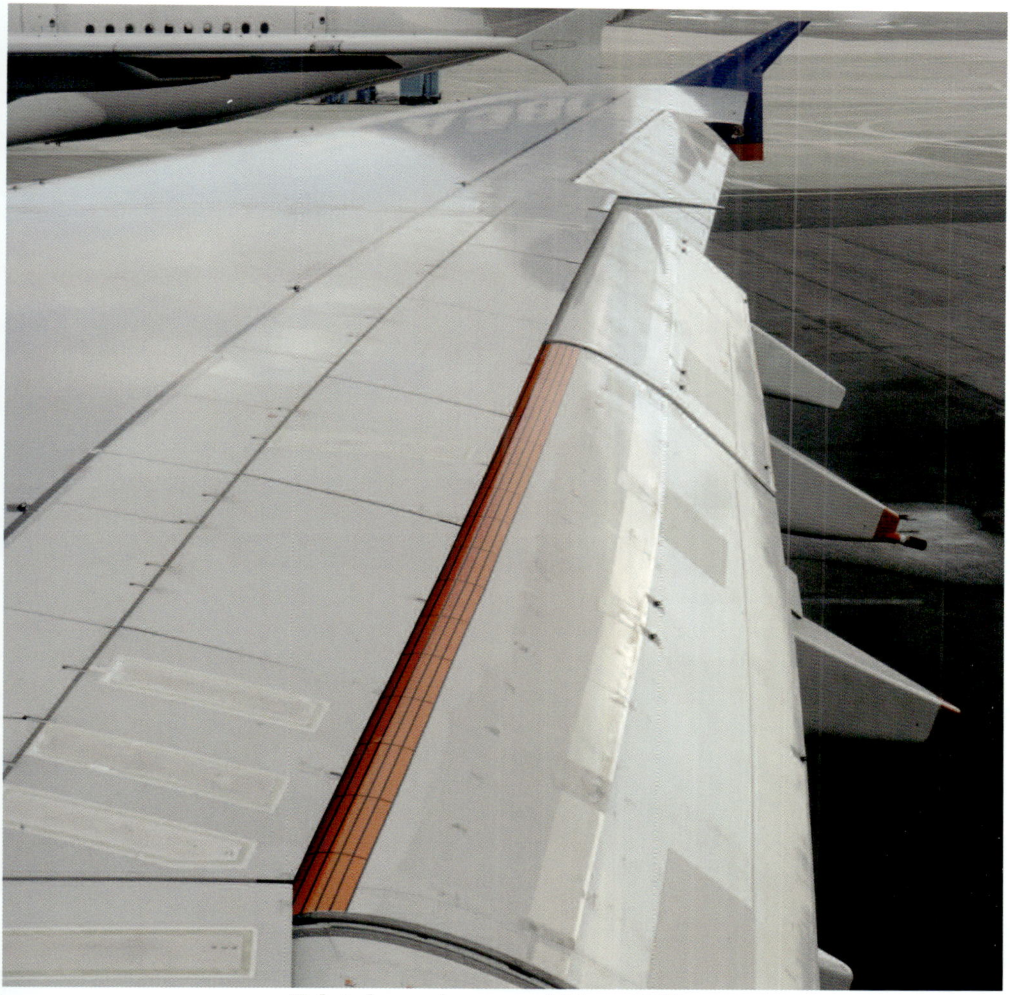
Volets braqués sur un Airbus A320.

Becs de bord d'attaque braqués.

Roues avant braquées à 70 degrés sur un Boeing 777 pour un virage serré

Spoilers sortis au sol

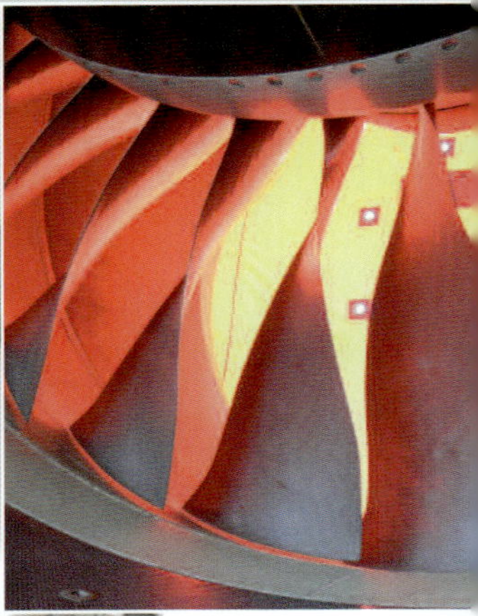

Les magnifiques pales du réacteur de l'A350.

Vue aérienne du chantier de construction des pistes expérimentales souples du Pavement Experimental Program

La "Tortue" en configuration Boeing 747

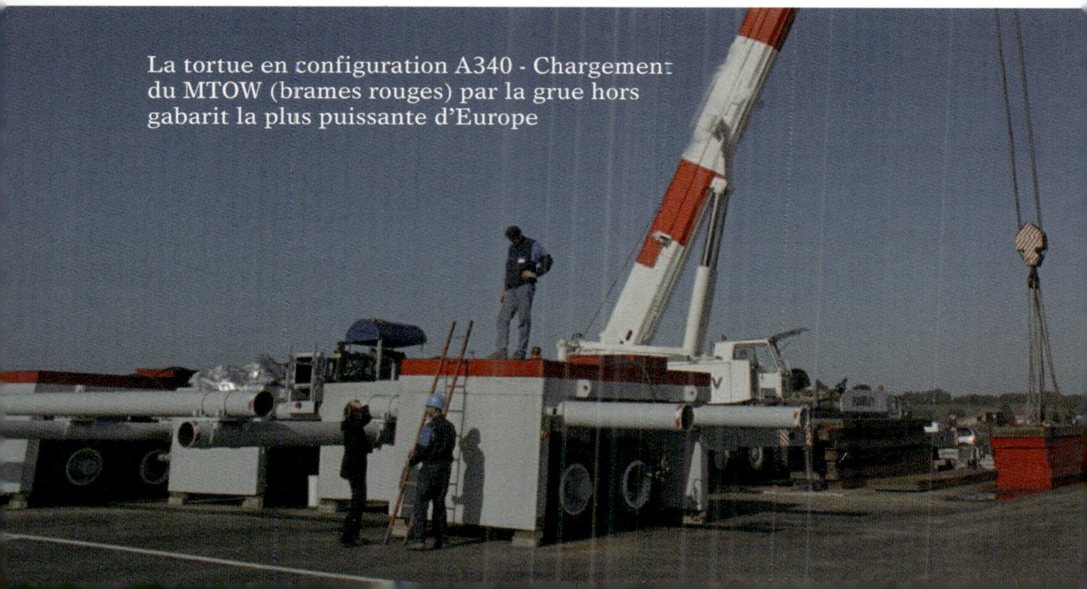

La tortue en configuration A340 - Chargement du MTOW (brames rouges) par la grue hors gabarit la plus puissante d'Europe

Installation de jauges de contraintes verticales aux interfaces des couches de fondations et couches intermédiaires

Installation de jauges de contraintes horizontales sous la couche de roulement bitumeuse

Morane MS.760 Paris

Mooney 301

Près de la maquette en bois et carton du TBM700, de gauche à droite : Bernard Dorance, chef-pilote, Denis Legrand, nouveau directeur technique, Maurice Fédensieu, ingénieur en chef, Jean Gesset, chef du bureau d'études, et Claude Lelaie, ancien directeur technique.

TBM700 de développement

TBM930

futur, tous les ingénieurs qui conçoivent des systèmes devront être sensibilisés à ce problème bien plus qu'aujourd'hui.

***

De nouvelles techniques de travail apparaissent progressivement grâce à la « réalité virtuelle ». Une première application a été faite avec la définition de l'aménagement de la zone avant de l'A350. Avec un système comportant une dizaine de caméras, et des appareils genre « jeu vidéo » (!), les ingénieurs peuvent se « promener » dans la zone concernée, examiner chaque détail, et regarder la facilité d'accès à chaque équipement pour le montage ou le démontage. Ainsi, alors qu'habituellement, le bureau d'études dessine l'avion et les équipes de production le construisent, il peut maintenant s'établir un dialogue entre « concepteurs » et « producteurs ». En regardant côte à côte les différents éléments ou équipements à l'intérieur de cette maquette virtuelle, ils peuvent se rendre compte que certaines modifications peuvent être faites pour faciliter le montage, sans conséquence négative.

Avec ce travail commun effectué relativement tôt dans cette « maquette », des équipes du bureau d'études et de la production peuvent optimiser les cycles de production. Il est particulièrement important de réduire les temps d'assemblage pour réduire les coûts. Nous n'en sommes aujourd'hui qu'au tout début de l'application de cette technique, mais il est absolument certain qu'elle sera utilisée de manière systématique pour le prochain programme d'Airbus.

***

Malheureusement, comme partout, le poids de la réglementation s'alourdit. Même si, comme nous l'avons vu, le niveau de sécurité est absolument remarquable et qu'il est difficile à améliorer, il y a toujours des nouveautés pour des raisons diverses et, à travers deux exemples, nous allons voir que les ingénieurs des constructeurs aéronautiques sont amenés à se pencher sur de nouveaux problèmes qui ne les concernaient pas il y a encore une dizaine d'années.

D'abord, ces dix dernières années, nous avons vécu deux accidents dramatiques où la localisation de l'épave a posé un sérieux problème : le vol AF447, pour lequel il a fallu deux ans pour la retrouver, et la disparition totale du vol MH370 dans l'océan Indien. Jusqu'ici, les constructeurs installaient sur les avions des balises de détresse dont les spécifications avaient été décidées par les administrations, et elles devaient permettre de retrouver les appareils, et surtout leurs enregistreurs de vol. La participation des constructeurs à la définition des systèmes était limitée. À partir de 2021, les gros avions sortant de chaîne devront être capables d'émettre un signal de détresse en vol dès lors qu'ils sont dans une situation où l'équipage ne semble plus avoir le contrôle de l'avion (moteurs éteints ou attitude anormale par exemple). Pour la mise au point de cette chaîne d'alerte, les constructeurs sont nécessairement impliqués, puisque tout cela a des conséquences très importantes sur la définition des appareils, ce qui n'était pas le cas auparavant. La réglementation ne peut plus se faire sans eux.

Comme nous l'avons déjà vu, autrefois, pour la navigation, les avions allaient de balise en balise. Il suffisait d'installer les récepteurs à bord et de vérifier que la portée était suffisante. Le travail des avionneurs s'arrêtait là. Aujourd'hui, dans le cadre d'une recherche d'efficacité, de nombreux types d'approches de précision par satellite ont été développés. Le but est également de réduire les coûts de certaines installations au sol, particulièrement onéreuses. Les interfaces avec les avions ou hélicoptères sont devenues très complexes. Les constructeurs doivent donc participer à la définition des spécifications et à la réglementation associée à ce type d'approches afin de s'assurer que tout cela est compatible avec les systèmes qui peuvent être installés à bord. La présentation aux équipages doit également être considérée afin de minimiser les risques d'erreur. Les constructeurs ont ainsi dû former des experts dans le domaine de l'élaboration des procédures d'approche.

Tout cela montre que ce que l'on apprend à l'école ne sert pas toujours très longtemps tellement les progrès de la technologie sont rapides. Ce n'est pas pour cela qu'il ne faut rien faire ! À noter que c'est aussi le rôle des écoles de s'adapter rapidement aux nouvelles technologies. Pour cela, elles doivent s'appuyer sur les industriels.

—— PARTIE 4 ——

INFORMATIONS DIVERSES

LES MOTEURS ET LES ÉQUIPEMENTS

Même si le titre de ce livre fait plutôt référence aux nouveaux avions et hélicoptères, il faut associer motoristes et équipementiers à la conception des appareils.

***

Comme nous l'avons vu, les motoristes travaillent de manière très étroite avec les avionneurs avant le lancement du programme pour définir le moteur adapté. Car, sans moteur, pas d'avion ou d'hélicoptère ! Parmi les spécifications, la consommation en croisière est évidemment essentielle. La masse, le bruit, les émissions de gaz polluants font également partie des caractéristiques à prendre en compte.

Des équipes du motoriste et du constructeur doivent travailler ensemble pour bien définir toutes les interfaces. En effet, il ne suffit pas de fixer le moteur à la structure. Il ne faut pas oublier qu'il produit toutes les énergies dont l'avion ou l'hélicoptère ont besoin et, en particulier, l'électricité, l'hydraulique pour manœuvrer les gouvernes, le train d'atterrissage, etc., et l'air pour le conditionnement et le dégivrage.

Selon les cas, l'avionneur peut décider d'offrir son appareil avec un seul type de moteur ou plusieurs. Il semblerait logique d'en offrir plusieurs pour favoriser la concurrence et donc la diminution des prix pour le client. Mais le succès du B737 avec un seul type de moteur, face à l'A320 avec deux propositions, montre qu'il n'y a rien d'évident.

***

La technologie des moteurs a énormément évolué depuis les premiers réacteurs. La principale modification qui a fait considérablement chuter la consommation est la mise en service de moteurs « double flux » (voir en annexe le chapitre « LE FONCTIONNEMENT D'UN AVION »). Les taux de dilution de ces moteurs augmentent encore aujourd'hui, ce qui diminue la consommation. D'autres optimisations permettent également de la réduire.

Tout comme les commandes de vol électriques sont installées sur les avions de transport ou militaires de nouvelle génération, les réacteurs sont contrôlés, depuis un certain temps, par un FADEC (*Full Authority Digital Engine Control*) qui permet d'automatiser beaucoup de fonctions, et de bénéficier de nombreuses protections. Ainsi, la mise en route ou le rallumage se font simplement en ouvrant le robinet d'arrivée du carburant. La manette de gaz peut être manœuvrée rapidement sans risque de dommage pour le moteur, ce qui n'était pas le cas autrefois.

La recherche joue également un rôle important chez les motoristes. Les réacteurs de type « *geared turbofan* » (le fan du compresseur est entraîné par un boîtier d'engrenages de façon à réduire sa vitesse de rotation et augmenter son efficacité) sont en service sur certains avions d'affaires et, depuis peu, c'est l'un des moteurs proposés pour l'A320NEO. La technologie « *open rotor* », où le fan est composé de deux hélices contrarotatives, non carénées, a déjà fait l'objet d'essais en vol.

La mise au point des nouveaux moteurs conduit à travailler sur les matériaux, par exemple pour qu'ils résistent à des températures plus élevées sans se dégrader. L'aérodynamique des pales joue un rôle fondamental dans l'efficacité des moteurs. La structure du moteur doit prendre en compte de nombreux paramètres, et en particulier les hautes températures qui sont atteintes au niveau de la turbine. La mise au point de la régulation dans tout le domaine de vol, vitesse et altitude, est délicate. De nombreux équipements sont également installés sur le moteur comme le système de lubrification de toutes les parties tournantes et l'alimentation en carburant. Cette liste n'est pas exhaustive, mais elle montre que la mise au point d'un nouveau moteur est un véritable challenge, tout comme celle d'un nouvel avion ou hélicoptère. De nombreux ingénieurs et techniciens de différentes disciplines doivent coopérer.

***

Chez les équipementiers, la situation est un peu différente. D'abord, pour obtenir un contrat pour participer à la construction d'un nouvel appareil, ils doivent faire une proposition qui répond à des spécifications établies par l'avionneur. Mais tout cela n'empêche pas de faire des propositions qui feront ensuite l'objet de discussions. Par exemple, les servocommandes électro hydrauliques qui équipent maintenant certains avions n'ont pas été développées par les avionneurs, mais par des sociétés spécialisées. Ensuite, la décision de les installer a été prise entre avionneur et équipementier compte tenu de l'avancement de la mise au point.

Ceci est encore plus vrai dans le domaine des systèmes électroniques embarqués où pratiquement toutes les propositions sont faites par les équipementiers en fonction de la technologie disponible. C'est pour cette raison que les écrans de pilotage de l'A350 sont un peu différents de ceux de l'A380 car il a été démontré qu'il était possible de faire encore mieux en conservant la commonalité entre ces avions.

Nous avons vu que le TCAS, destiné à éviter les collisions entre avions, avait été inventé par un équipementier, et que ce système avait ensuite été imposé à tous les avions de transport.

Cependant, une standardisation est nécessaire dans certains domaines. Il serait regrettable que des équipements non compatibles entre eux soient développés. Le fonctionnement de chacun d'eux dépend bien souvent de nombreux capteurs installés sur l'avion ou sur d'autres systèmes, et les échanges doivent donc être possibles. Pour cela de nombreuses normes ont été développées grâce à des discussions entre tous les industriels et les autorités, et cela continue au gré des besoins.

***

Les activités chez les motoristes ou les équipementiers sont donc également très variées, avec la nécessité d'une bonne coordination, en interne pour le développement de chaque système, mais également avec le concepteur de l'avion ou de l'hélicoptère.

Certains équipementiers fournissent quelquefois une assistance technique aux opérateurs. Ceci est de plus en plus souvent le cas dans le domaine des avions militaires pour le support aux systèmes embarqués qui sont particulièrement complexes.

LES DRONES

Il y a un domaine dans lequel la technologie évolue extrêmement vite, c'est celui des drones. Les armées ont pris une longueur d'avance. Comme nous allons le voir, l'une des causes est probablement la réglementation aérienne civile actuelle qui limite drastiquement leur utilisation pour des raisons de sécurité.

***

Les drones militaires sont en service depuis plusieurs années. Ils sont utilisés essentiellement pour des missions de reconnaissance. Débarrassés des nombreuses contraintes de sécurité liées à la présence d'un pilote à bord, il y a plus de souplesse pour l'exécution des missions. Leur vitesse peut être plus faible et leur autonomie considérablement plus importante.

La phase suivante sera sans doute la conception de drones d'attaque et de combat. Mais le niveau de complexité est sans commune mesure avec celui des appareils d'observation. De plus, le niveau de sécurisation devra être considérablement renforcé. En effet, perdre un drone d'observation n'est pas vraiment critique en dehors de l'aspect opérationnel et financier, mais avoir un drone équipé de son armement qui tombe entre les mains de l'ennemi est beaucoup plus inquiétant. Finalement, aujourd'hui, il est difficile de savoir s'il y aura de nouvelles générations d'avions de combat ou si les drones feront l'affaire. En l'absence de certitudes, le travail se poursuit dans les deux domaines.

***

Côté civil, il y a des applications indiscutablement utiles. Par exemple, la surveillance des lignes haute tension. Les techniciens peuvent faire une inspection sans avoir à se déplacer. Il suffit de faire circuler un drone le long de cette ligne pour prendre et retransmettre des photos des points critiques. Cela évite d'envoyer du personnel sur place pour vérifier l'état des lignes sur chaque pylône. On peut également surveiller très facilement les feux de forêts dans les zones à risque.

Une autre application a été mise en place par Airbus pour ses propres avions, il y a quelques années. Un drone peut faire des photos de zones inaccessibles sans un chariot élévateur. Imaginons qu'il y ait un doute sur un système équipant la dérive d'un A380. Un drone peut prendre des dizaines de photos de différentes zones, sous différents angles, et les ingénieurs peuvent les observer en temps réel, ce qui serait beaucoup plus difficile avec le chariot élévateur.

On peut imaginer, dans des zones difficiles d'accès, de remplacer des hélicoptères par des drones pour des maniements de charges. Le coût serait considérablement réduit.

Ainsi, que ce soit à courte distance ou avec un plus grand rayon d'action, les applications des drones qui permettraient de gagner du temps et de l'argent sont très nombreuses, et il n'y a pas de limite à l'imagination !

***

Mais il y a beaucoup de problèmes réglementaires et de sécurité à résoudre avant de pouvoir utiliser tout le potentiel de cette nouvelle technologie.

Revenons à l'exemple d'Airbus et à l'inspection de l'avion. Cette utilisation est relativement exceptionnelle. Mais, certaines compagnies aériennes envisagent de faire toutes les visites de contrôle des avions avant vol à l'aide de drones. Imaginez le nombre de drones pouvant opérer simultanément pour inspecter tous les avions sur l'aérodrome de Paris – CDG. La sécurisation de ces drones est minimale. Ils pourraient entrer en collision avec des avions au sol ou en vol, ou simplement tomber sur la tête de quelqu'un. Avec la technologie actuelle, il est impensable d'utiliser ces drones de manière systématique pour des inspections sur une grande échelle. C'est une très bonne idée, mais il y a encore du chemin à parcourir.

Une autre difficulté pour une utilisation non locale est liée à la hauteur minimale de survol. Pour les avions, hors agglomérations, elle est de 150 mètres et elle augmente en fonction de la taille des villages et des villes survolés. Il n'y a aucune raison que les drones dérogent à cette règle. Le niveau de sécurité étant inférieur à celui d'avions certifiés, il serait même logique d'augmenter cette altitude de survol. De plus, seriez-vous heureux, au calme au bord de votre piscine, d'être importunés par des survols de drones à très basse altitude ? La réponse est évidemment non, et une telle autorisation de vol ne sera jamais donnée, sauf pour des cas particuliers comme celui mentionné précédemment du contrôle de lignes électriques, de routes, voies ferrées, etc., donc sur des trajectoires très précises ou, éventuellement, pour des urgences.

Lorsqu'on vole au-dessus de cette altitude minimale de 150 mètres, il faut assurer la compatibilité avec la circulation aérienne. Or, aujourd'hui, les drones ne sont clairement pas compatibles avec l'aviation, quelle qu'elle soit. Il y a d'abord les espaces non contrôlés où la règle est « voir et éviter ». Les drones ne sont pas capables de respecter cette règle comme les pilotes doivent le faire, même si certains systèmes anticollision existent pour essayer de satisfaire à cette obligation.

Dans les espaces contrôlés, le problème est différent. D'abord, il faut un contact radio entre l'opérateur du drone et le contrôleur aérien. De plus, il y a un délai significatif pour répondre aux instructions du contrôle lorsqu'il y a des liaisons par satellite (de l'ordre de 4 secondes). Ensuite, la sécurisation de la liaison entre le pilote du drone et le drone lui-même est encore à un niveau insuffisant pour assurer la cohabitation avec le trafic civil. Cependant, le travail en cours devrait permettre de résoudre cette difficulté, au moins avec les plus gros drones. Enfin, il faut mettre au point une procédure permettant d'assurer la sécurité en cas de perte du système de guidage par l'opérateur sol.

Il apparaît ainsi qu'il y a de très nombreux problèmes à résoudre pour assurer la compatibilité entre les drones et la circulation aérienne civile avec un niveau de sécurité satisfaisant.

En attendant, la ségrégation est totale, et la circulation des drones dans des espaces civils, par exemple en France, ne se fait que dans des zones qui ont été préalablement réservées.

***

Le développement des drones va se poursuivre et ils vont prendre une place de plus en plus importante dans la vie courante. Il reste aujourd'hui à régler la compatibilité avec le trafic aérien civil et à établir toute la réglementation associée. Ce n'est pas une affaire simple, mais beaucoup de personnes travaillent sur ce dossier important. Cependant, il ne faut pas trop rêver, il restera des limites d'utilisation liées à la sécurité, mais également à la protection de la vie privée. N'importe qui ne pourra pas faire circuler un drone n'importe où.

LES LANCEURS SPATIAUX

Bien que l'organisation, certaines méthodes de travail et les problèmes soient différents de l'aviation proprement dite, le domaine des lanceurs spatiaux est passionnant, et il comporte de nombreuses opportunités de carrière intéressantes.

***

Tout d'abord, un peu d'historique.

La maîtrise du spatial est une affaire stratégique pour chaque État. Lorsqu'on ne dispose pas de ses propres lanceurs, on est à la merci des autres nations qui imposent leurs conditions. Elles peuvent même vous interdire certains domaines d'activité. Pour la petite histoire, lorsqu'au début des années 1970, l'Europe a voulu lancer son premier satellite de télécommunications, appelé « Symphonie », elle ne disposait pas de lanceur de puissance suffisante. C'est donc un lanceur américain qui a été utilisé. Mais il y avait une clause très astreignante dans le contrat de lancement : le Département d'État des États-Unis interdisait toute utilisation commerciale de ce satellite. La conclusion était claire, il faut disposer de ses propres lanceurs pour ne pas dépendre des autres États dans les domaines des télécommunications, observation de la planète à des fins civile ou militaire, etc.

C'est donc l'État français qui a financé les premiers lanceurs, tout comme les administrations américaines et russes l'avaient fait de leur côté. Le premier lanceur, la fusée Diamant, a plutôt été un succès, mais il avait une capacité très limitée, avec une masse maximale en orbite trop faible. Il était plutôt destiné à développer la technologie pour des lanceurs plus puissants. La première fusée européenne « Europa » qui devait lancer les satellites Symphonie a carrément été un échec. À cette époque, les codes de la coopération européenne n'étaient pas bien maîtrisés.

Après cet échec, la série des lanceurs Ariane, développée par l'Agence spatiale européenne, a été un véritable succès grâce à une fiabilité remarquable. La principale raison est une meilleure coordination car, la France finançant plus de la moitié du développement, les industriels français s'acquittaient de cette tâche d'intégration sous la maîtrise d'œuvre du CNES (Centre national d'études spatiales).

Même aujourd'hui, le financement du développement de nouveaux lanceurs est le fait des États, quels qu'ils soient, même si leur intervention au niveau technique est de plus en plus limitée compte tenu de la grande maîtrise acquise par les industriels. Néanmoins, il y a toujours des décisions politiques à prendre à l'occasion de chaque nouveau programme. Et la difficulté est de mettre tous les États d'accord sur la distribution des tâches confiées à leurs différents industriels, en accord avec leur participation financière et leur volonté d'acquérir de nouvelles compétences !

***

Tout comme pour les avions et les hélicoptères, la décision de lancer un nouveau programme est prise après une revue du marché dans le monde entier. N'oublions pas en effet qu'il y a une concurrence sérieuse entre différentes sociétés américaines, européennes et russes pour faire des offres pour chaque lancement de satellite. Il faut donc estimer le nombre de lancements à très long terme pour différents types de satellites, en misant sur les technologies qui seront disponibles, avant de prendre des décisions.

Mais, comme pour les avions, personne n'a de boule de cristal ! Ainsi, on aurait pu légitimement penser que les satellites allaient énormément grossir car ils allaient devoir traiter de plus en plus d'informations. La miniaturisation des composants électroniques a changé la donne. Ainsi, pour des missions d'observation, on peut faire la même chose qu'autrefois avec un satellite dix fois moins lourd. Les satellites de communication ont quand même grossi, passant de 1500 kg au milieu des années 1990 à environ 6 tonnes aujourd'hui, mais avec des capacités très largement supérieures.

Ariane 5 est un cas particulier car, à l'origine, il devait être capable de mettre la navette spatiale européenne Hermes en orbite basse. Le programme Hermes ayant été abandonné, le lanceur est devenu un peu trop performant pour la mise en orbite de certains satellites. Il a donc été adapté pour mettre deux satellites sur une orbite de transfert géostationnaire au cours du même lancement, ce qui est sa mission la plus courante (cette orbite a son apogée, point le plus éloigné de la Terre, à 36 000 km, et son périgée, point le plus rapproché, à 200 km). Un premier satellite est installé à l'intérieur d'une structure porteuse. Un second satellite est placé au sommet de cette structure. Différentes stratégies utilisant un étage supérieur cryotechnique rallumable permettent de larguer les satellites sur l'orbite recherchée pour chacun d'eux. La coque est ouverte par un système pyrotechnique. À noter que ce type de technique permet également de lancer plusieurs petits satellites. Le problème est qu'il n'est pas toujours facile de trouver deux satellites compatibles au point de vue masse et planning, à placer sur de telles orbites. Par conséquent, Ariane 5 est quelquefois « mal utilisé », en ce sens qu'on utilise un lanceur trop performant compte tenu de la charge utile totale à mettre en orbite.

Une réflexion liée à l'optimisation des lancements a donné naissance au programme Ariane 6. Les différentes versions du lanceur permettront d'adapter sa configuration à la masse du satellite à mettre en orbite et donc d'être mieux adapté au marché.

***

La fiabilité doit être au rendez-vous car, dans le spatial, on compte en dizaines de millions d'euros. À titre d'ordre de grandeur, un kilogramme de satellite vaut son poids en or ! Donc, pour un satellite de télécommunication de 6 tonnes cela fait un coût très approximatif de 130 à 150 M€. Ajoutons le prix d'un lanceur, entre 80 et 100 M€. Et comme il n'est pas question de faire courir des risques aux clients, ni d'ailleurs aux actionnaires, il faut ajouter une prime d'assurances d'environ 10 %. « L'ardoise » pour un satellite lancé est donc de l'ordre de 250 M€. Il y a tout intérêt à fabriquer des lanceurs fiables ! C'est le grand mérite d'Ariane 5 d'avoir une fiabilité record qui réduit significativement les primes d'assurances. Mais surtout, cette fiabilité est une source de confiance pour les clients.

Le temps de fonctionnement d'un lanceur est une affaire de minutes (de l'ordre de 25 à 30 minutes pour une orbite de transfert géostationnaire), alors que celui d'un avion est de plusieurs dizaines de milliers d'heures (100 000 heures pour certaines machines). La fiabilité est obtenue par des techniques différentes des avions. Par exemple, dans le domaine des calculateurs de guidage, il n'est pas nécessaire d'en avoir de plusieurs types avec une dissimilarité pour couvrir des cas de bugs de même nature comme pour les commandes de vol électriques d'un avion. On se limite à deux calculateurs, l'un couvrant la défaillance de l'autre. Mais, avant le lancement, tout doit avoir été contrôlé dans le moindre détail. Un tel niveau de contrôle n'est pas appliqué au départ d'un avion car le nombre de redondances en vol permet de couvrir tous les cas de panne, et il est même possible de partir avec un calculateur manquant (et quelquefois deux).

Le guidage est entièrement automatisé. Il ne peut donc y avoir aucune intervention du sol pour corriger une trajectoire incorrecte. Dans le pire des cas, s'il y a un danger pour des personnes, un ordre de destruction peut être envoyé par l'entité sauvegarde de la base de lancement.

***

Comme nous venons de le voir, les coûts de lancement sont énormes, et une technologie vient d'être mise à la mode avec le lanceur américain Space X, où le premier étage est réutilisable. À première vue, c'est une excellente idée pour faire des économies. Mais à y regarder de plus près, cela n'est pas aussi évident.

Tout d'abord, pour faire revenir le premier étage, il faut embarquer des ergols pour contrôler sa descente. C'est autant de masse que l'on ne met pas en orbite. Donc, pour une masse donnée à satelliser, le lanceur « réutilisable » doit être sensiblement plus performant. Par ailleurs, l'étage qui revient sur Terre n'est pas réutilisable tel quel, et il doit subir une grande visite pour assurer la sécurité du lancement suivant. Le coût de cette visite n'est certainement pas négligeable et difficile à évaluer pour les Européens qui n'ont pas encore utilisé cette technique. Le bilan n'est donc pas évident à faire et l'avenir nous dira où est la vérité. Mentionnons quand même que la navette spatiale américaine avait été construite exactement dans ce but, et il s'est avéré que les coûts de vérifications et de mise en œuvre avant chaque lancement étaient considérablement plus élevés que ce qui avait été estimé, ce qui a empêché une utilisation au rythme rapide prévu au lancement du programme. Donc il est bien difficile de conclure sur la viabilité de cette approche technique et stratégique. Sans aucun doute, il faut poursuivre la recherche et l'expérimentation dans ce domaine.

***

La maîtrise d'œuvre industrielle du programme Ariane 5 était assurée par EADS Astrium, filiale d'EADS. Aujourd'hui compte tenu des réorganisations industrielles, elle est assurée par Airbus. Environ 1 100 industriels participent au programme Ariane 5.

Les processus de décision sont plus complexes que pour les avions et les hélicoptères car les États financent le développement initial, et ils veulent donc suivre de près l'avancement. Chacun exige un « juste » retour de ses investissements pour ses industriels nationaux. Cela ne facilite pas la tâche des décideurs. Cela peut même conduire à prendre des décisions contraires à l'intérêt du programme en ne choisissant pas toujours les meilleurs industriels. À noter que de telles situations ont été rencontrées dans le passé sur les programmes d'avions de transport Airbus, mais elles étaient plus faciles à résoudre compte tenu du plus petit nombre d'États concernés. Aujourd'hui, les États actionnaires d'Airbus ne se préoccupent plus de ces problèmes, tant que la société marche bien, avec une répartition des tâches considérée comme satisfaisante. Dans le domaine des lanceurs, on observe, avec un peu de retard, la même évolution progressive que pour les avions Airbus, les États intervenant de moins en moins pour les aspects techniques, tant que les industriels « locaux » y trouvent leur compte.

Le développement d'un nouveau programme de lanceur se fait sous la direction technique d'un chef de projet. La France étant le principal contributeur financier, le bureau d'études principal est situé aux Mureaux, à l'ouest de Paris, mais d'autres bureaux d'études existent en Europe pour la conception de différents sous-ensembles. Comme dans tout projet important, des revues de programme sont planifiées à intervalles réguliers. Elles sont particulièrement importantes dans la phase initiale de décision du programme car il s'agit de ne pas se tromper sur des spécifications qui vont engager l'Europe spatiale à long terme : différentes versions, besoins du marché, choix de certaines options, etc. Ensuite, les revues permettent de faire le point sur les problèmes techniques et de planification en proposant les actions pour les résoudre.

***

Du point de vue technique, les domaines importants sont de nature assez différente de ceux des avions et hélicoptères.

Les moteurs constituent évidemment un élément essentiel des lanceurs. Il y en a de différents types, avec des ergols solides ou liquides. Prenons l'exemple d'Ariane 5. Les moteurs des deux accélérateurs à poudre (EAP) s'allument au départ, juste après la vérification du fonctionnement correct du moteur à ergols liquides du premier étage. Ils fournissent approximativement 90 % de la poussée au décollage, et ils fonctionnent pendant environ deux minutes. Le lanceur de la navette spatiale américaine était également équipé de deux *boosters* à poudre. Cette technologie d'ergols solides se retrouve dans tous les missiles militaires car le stockage de la poudre pendant une très longue durée est possible, ce qui n'est pas le cas avec les ergols liquides. Mais il y a un inconvénient : lorsque la combustion du bloc de poudre a débuté, plus rien ne peut l'arrêter.

Sur Ariane 5, le premier et le deuxième étage fonctionnent avec un mélange d'hydrogène et d'oxygène liquides, ergols les plus performants. Différentes technologies existent pour ces moteurs à ergols cryogéniques. Quoi qu'il en soit, la mise en œuvre est toujours délicate car il faut manipuler jusqu'à peu de temps avant le lancement des produits hautement inflammables (oxygène et hydrogène liquide, hydrazine ou kérosène) et, pour certains, les maintenir à très basse température pour qu'ils restent liquides (par exemple l'hydrogène liquide se vaporise à -253 °C, hors pressurisation du réservoir). Il faut également des systèmes de pressurisation des réservoirs, généralement à base d'hélium. D'une manière générale, bien que le principe de fonctionnement d'un moteur-fusée soit simple, la conception est extrêmement complexe et nécessite des moyens importants, principalement en ce qui concerne la préparation avant lancement. Un autre exemple pour illustrer les difficultés de la conception : la turbopompe pour l'hydrogène du moteur Vulcain du premier étage d'Ariane 5 tourne à 33 000 t/mn et développe 21 000 CV (l'équivalent de deux rames de TGV !).

Un guidage doit être assuré pour maintenir la trajectoire prévue, ce qui implique de pouvoir orienter légèrement la ou les tuyère(s) à l'aide de vérins. D'autres fonctions peuvent également être prévues, par exemple la possibilité de rallumage, ou la modulation de la poussée. Cette dernière est nécessaire pour faire atterrir un engin sur une planète.

Des petites fusées, qui donnent une brève impulsion, sont quelquefois utilisées pour effectuer des séparations, par exemple sur Ariane 5 pour écarter les *boosters* lorsque leur combustion est terminée.

***

L'aérodynamique a très peu d'effet sur les performances car le lanceur sort rapidement de l'atmosphère. Une optimisation aussi poussée que celle que l'on fait pour une nouvelle aile d'avion n'est donc pas nécessaire.

Le dimensionnement de la structure est fait en fonction de contraintes très différentes de celles des avions et hélicoptères.

D'abord, les ergols sont stockés à très basse température, d'où la nécessité d'avoir une isolation thermique autour des réservoirs. Mais la combustion se fait à très haute température, et il faut donc refroidir les différentes parties du moteur (chambre de combustion et divergent).

La masse de la structure doit évidemment être aussi faible que possible pour augmenter la capacité de mise en orbite. Cependant, le dimensionnement de l'ensemble doit tenir compte du niveau très élevé des vibrations. Elles peuvent donner lieu à des couplages entre la propulsion et la structure (effet Pogo). Ces vibrations ont d'ailleurs donné lieu par le passé à des défaillances de certains lanceurs.

Un lanceur comporte beaucoup d'autres équipements par exemple des centrales à inertie, des systèmes de guidage et de conduite de la mission (allumage des moteurs, largage des différents éléments, etc.), des batteries... Les systèmes de propulsion comportent également beaucoup d'équipements périphériques comme des vannes de pressurisation, des systèmes de refroidissement, etc. Il y a du travail pour beaucoup d'équipementiers !

***

Contrairement aux avions et hélicoptères, il n'y a pas de règlement de certification pour les lanceurs. Des procédures de qualification sont donc préparées par les industriels. L'administration participe aux différentes revues de qualification pour donner son approbation.

De très nombreux essais de validation sont d'abord effectués sur chacun des composants, comme les turbopompes, les systèmes électriques, de guidage, etc. Ils sont suivis de divers essais d'intégration aboutissant finalement à la mise à feu au sol sur un banc spécifique de chacun des étages du lanceur. Plusieurs essais individuels de chaque étage sont habituellement programmés.

Finalement, au moins un tir de qualification est prévu car personne n'ose faire le pari de mettre à bord un satellite de plus de 100 M€ avant de s'être assuré que tout l'ensemble fonctionne parfaitement !

***

Sans entrer dans les détails, tous ces exemples montrent la très grande complexité de la conception et de la mise au point d'un lanceur. Comme pour les avions, l'innovation est permanente pour améliorer les performances, la fiabilité et la sécurité.

Y A-T-IL DES LIMITES À L'AUTOMATISATION ?

À la question « Y a-t-il des limites à l'automatisation ? », il faut probablement faire une réponse de Normand ! Oui et non ! Oui, car il y aura toujours besoin des pilotes et, non, car l'automatisation se poursuivra.

***

La situation extrême de l'automatisation serait la suppression pure et simple des pilotes, et ainsi, sur le strict plan technique, l'avion serait totalement autonome, géré par des stations au sol. Dans le livre « LES MÉTIERS DE L'AÉRONAUTIQUE – LE TRANSPORT AÉRIEN », j'ai eu l'occasion d'expliquer en détail pourquoi cela n'avait aucune chance d'arriver. Je vais reprendre rapidement ici la démonstration, mais en examinant la situation du point de vue des concepteurs des appareils.

S'il n'y a pas de pilote dans l'avion, il faut que toutes les situations de pannes soient couvertes. Mais comment peut-on le prouver à coup sûr ? Personne ne peut le garantir. Il y a des évènements qui, aujourd'hui, ne sont pas pris en compte par les règles de certification car leur probabilité est très inférieure à celle qui est « acceptée » pour un accident catastrophique de un pour un milliard d'heures de vol. Pourtant certains d'entre eux, comme la double panne d'un moteur, arrivent. Il suffit de considérer l'atterrissage de l'A320 dans l'Hudson après que deux moteurs ont été endommagés suite à une collision avec des oies du Canada. L'excellente décision du pilote a permis de sauver les passagers. Après coup, il est facile de dire qu'on va ajouter la panne des moteurs à la liste des situations à intégrer dans la réglementation, mais il y aura toujours des imprévisibles.

D'ailleurs, pour être complet, et couvrir parfaitement le cas de l'Hudson, il ne suffit pas de créer un algorithme qui privilégie la rivière à la terre (et aux gratte-ciel !), mais il faut donner les moyens à l'avion d'éviter les ponts et les bateaux ! On voit le degré d'irréalisme. Les pilotes doivent bien être à bord pour couvrir ces situations complètement imprévisibles dans les moindres détails.

Il est certain que les constructeurs n'accepteront jamais de ne pas avoir de pilote à bord car ils deviendraient responsables de tous les accidents, sauf ceux dus au guidage par les stations sol. Comme l'exemple de l'Hudson le montre, il y aura toujours des situations qu'ils ne peuvent pas maîtriser, alors pourquoi en porter la responsabilité civile et pénale car chacun sait que, dans certains pays, tout se termine devant le juge, avec quelquefois des pénalités ou amendes astronomiques (comme aux États-Unis) !

***

La principale difficulté pour un avion sans pilote serait de se prémunir contre les hackers. Aujourd'hui, tous les systèmes informatiques vitaux de l'avion sont isolés par des « cloisons étanches ». Comme ces systèmes ne communiquent pas avec l'extérieur, il n'est pas possible d'en prendre le contrôle. De nombreux essais sont faits pour garantir la protection. Certes, il y a des systèmes qui sont en liaison avec le monde extérieur, comme ceux qui transmettent les instructions de guidage par exemple, et que l'on pourrait éventuellement perturber, mais cela n'affecterait en rien la sécurité.

S'il n'y avait pas de pilote à bord, il y aurait deux solutions. La première est que l'avion reste entièrement isolé de l'extérieur, quoi qu'il arrive. Dans ce cas, on pourrait raisonnablement assurer la protection contre les hackers. La seconde serait de donner les commandes au sol, lorsque nécessaire. Là, on peut tout redouter car, si un centre de contrôle peut « prendre la main », pourquoi un individu malintentionné ne le ferait-il pas (y compris, éventuellement, à l'intérieur de ce centre) ? Or, la première solution n'est pas acceptable, tout simplement parce qu'on ne pourrait rien faire si un passager avait un malaise. L'avion ne pourrait pas se dérouter pour l'emmener rapidement vers les urgences d'un hôpital, et c'est une situation qui est loin d'être improbable (de l'ordre d'une fois tous les 10 000 vols sur les long-courriers). S'il n'y avait pas de pilote à bord, cette opération ne pourrait être commandée que par un centre au sol. Par conséquent, on crée un risque de prise de contrôle de l'avion par un hacker, ce qui n'est pas acceptable. C'est une impasse !

***

Nous n'allons pas entrer dans le détail de tous les problèmes à résoudre pour avoir des avions autonomes. Les concepteurs auraient de quoi s'occuper pendant plusieurs dizaines d'années !

Un simple exemple : le roulage. Rien n'a été fait pour faire rouler les avions de manière autonome. Il n'y a pas de pilote automatique dans ce cas. Tout est à créer, et ce n'est pas simple. Il faudrait que les « *gates* » (portes d'embarquement) soient programmées pour des manœuvres automatiques. Le « *push-back* » (repoussage de l'avion avant mise en route) devrait aussi être automatisé. Qui pourrait donner l'ordre d'exécution de la manœuvre ? Bref, des dizaines d'années de réflexion et de travail en perspective. Et il faudrait que tout cela soit standardisé dans le monde entier ! Pour l'instant aucun constructeur, aucune administration ne s'attaque à ce problème. C'est inutile puisqu'il y a deux pilotes ! C'est donc un cercle vicieux qui va durer.

Un dernier mot. La suppression des pilotes n'aurait éventuellement de l'intérêt que s'il y avait un gain financier (en supposant que l'on sache assurer un niveau de sécurité adéquat). Or l'étude n'a jamais été faite et, compte tenu des investissements énormes qui devraient être faits par les constructeurs, et du coût de nouveaux centres de guidage au sol très complexes, avec un personnel nécessairement nombreux, le « *business case* » ne résiste certainement pas à l'analyse.

***

Une hypothèse qui peut paraître plus réaliste à court terme serait de concevoir des avions avec un seul pilote.

Aujourd'hui, le cockpit, les systèmes et les procédures sont conçus de façon à ce qu'un pilote seul puisse ramener l'avion en sécurité car, après tout, il peut arriver que l'autre pilote fasse un malaise et ne soit plus en état de piloter. Il faut donc bien couvrir cette situation. Mais, compte tenu de sa très faible probabilité, elle n'est pas associée à une panne grave, elle-même très improbable. Donc, dans la pire des situations, le pilote seul devra ramener un avion fonctionnant normalement ou, tout au plus, avec des pannes mineures. De plus, il bénéficiera de toutes les priorités à l'arrivée.

La situation devient différente si on veut concevoir un avion avec un seul pilote. Il faut « tout simplement » couvrir l'incapacité de ce pilote ! Dans ce cas, soit le contrôle peut être repris du sol avec les difficultés déjà signalées, soit les systèmes sont programmés pour une arrivée ou un déroutement automatique. Nous sommes bien loin d'être capables de le faire, mais ce n'est certainement pas impossible.

Le pilote seul devrait être capable de gérer des pannes très complexes. Donc tous les systèmes doivent être revus pour simplifier les procédures et améliorer les redondances pour réduire la probabilité de se trouver dans une situation délicate. Les constructeurs sauront faire, mais il faudra du temps. De plus, le problème devient le coût, qui risque d'être prohibitif.

Enfin, il faut considérer la gestion quotidienne du vol. En croisière, il est certain qu'il n'y a pas du travail pour deux et qu'un seul pilote peut faire le travail. Cependant, une arrivée sur un aérodrome international à une heure de pointe conduit à une charge de travail importante, et il ne serait pas raisonnable de demander à un pilote seul d'être aux commandes sous peine d'augmenter les risques d'erreur, et donc de diminuer le niveau de sécurité. Ce n'est évidemment pas acceptable, sauf si on associe un système de surveillance, rôle que joue aujourd'hui le pilote qui n'est pas aux commandes. Mais c'est un beau challenge pour un constructeur de concevoir un tel équipement de surveillance extrêmement fiable.

Un problème trivial. Le pilote doit pouvoir satisfaire ses besoins naturels. Il doit donc pouvoir quitter son siège. Des instructions de guidage pourraient alors rester sans réponse, même si elles sont urgentes.

Le but ici n'est pas de mentionner tous les problèmes à résoudre pour pouvoir opérer un avion avec un seul pilote, mais il est clair qu'il y a de quoi occuper des bureaux d'études pendant des années (et peut-être des générations d'ingénieurs !). En finale, il faut avoir en tête que l'investissement nécessaire est considérable, et il faut s'assurer de la rentabilité. Si des recherches sont entreprises aujourd'hui, il n'y a pas de décision formelle d'application pour un programme car la faisabilité n'est pas garantie.

Enfin, il reste un problème non technique, mais fondamental : le risque de suicide du pilote. Depuis longtemps, les compagnies américaines exigent qu'il y ait toujours deux personnes dans le cockpit, c'est-à-dire que, si un pilote doit s'absenter pour un moment, un navigant commercial doit être présent dans le cockpit. Cela réduit le risque de suicide par dissuasion. Le personnel de cabine présent peut également donner très rapidement l'alerte et déverrouiller la porte blindée que le pilote resté seul peut avoir verrouillée. Après l'accident de l'A320 de Germanwings, l'EASA a recommandé que cette procédure soit mise en place dans toutes les compagnies européennes. C'est cette raison, non technique, qui conduira à ne pas avoir d'avions avec un seul pilote. Personne ne sera prêt à prendre le risque d'approuver ce genre d'opérations.

***

Tout cela paraît bien négatif ! Mais les bureaux d'études poursuivent le travail sur certains sujets évoqués plus haut. La recherche faite pour l'opération d'un avion par un seul pilote permettra d'améliorer la sécurité et de faciliter la tâche des deux pilotes.

L'automatisation se poursuit aussi grâce à l'invention de dispositifs nouveaux qui améliorent la sécurité ou facilitent l'utilisation de systèmes existants. Nous avons vu qu'Airbus a mis au point un équipement (ROPS) qui permet de réduire les risques de sortie de piste et optimise le freinage automatique pour dégager très rapidement la piste par le taxiway préalablement sélectionné par l'équipage.

Sur tous les Airbus, lorsqu'on approche la vitesse maximale autorisée, et que l'on risque de la dépasser, la poussée est automatiquement réduite. Sur l'A350, ce dispositif a été amélioré et, dans la même situation, il y a une sortie automatique des aérofreins. Ils rentrent dès qu'il n'y a plus de risque de dépasser la vitesse maximale.

On pourrait multiplier les exemples de ce type car chaque nouveau modèle d'avion apporte son lot d'améliorations. Dans le cas du ROPS, il s'agit d'un système entièrement nouveau, alors que le dispositif de limitation de vitesse de l'A350 est une amélioration de ce qui existe sur d'autres modèles. L'automatisation ne s'arrêtera pas, que ce soit pour améliorer la sécurité, ou pour faciliter les opérations. Les ingénieurs ne manquent pas d'imagination !

LES CONSTRUCTEURS ENTRE EUX

Le grand public s'imagine souvent que les constructeurs concurrents sont en compétition permanente. C'est vrai dans le domaine commercial où les « bagarres » sont sans pitié compte tenu des sommes en jeu pour chaque contrat.

Mais, dans beaucoup de domaines techniques, les constructeurs ont des intérêts communs, et il est préférable qu'ils fassent front ensemble pour bien se défendre. Par ailleurs, d'un commun accord, depuis bien longtemps, aucun n'attaque l'autre dans le domaine de la sécurité. Un accident peut arriver sur n'importe quel type d'avion, et il est très malvenu d'en tirer profit.

***

Il est un domaine où il existe une solide concurrence, même si elle n'est pas visible du grand public, c'est l'utilisation des brevets. Il n'est pas inhabituel que chacun « emprunte » à l'autre des inventions. C'est d'ailleurs pour le plus grand profit des opérationnels car cela permet d'améliorer la standardisation, ce qui est un souhait permanent. Ces « emprunts » ne se traitent pas devant les tribunaux mais, à intervalles réguliers, les constructeurs se mettent autour d'une table pour négocier les compensations qu'ils se doivent.

Et puis, finalement, il y a des « emprunts » qu'on laisse faire volontiers car ils sont signe de victoire. Imaginons que Boeing décide de remplacer ses volants par un manche latéral pour le pilotage, et copie les protections des commandes de vol d'Airbus. Ce serait la standardisation mondiale sur le modèle Airbus.

Y aurait-il un intérêt à la négocier sur le plan financier ? C'est douteux, et d'ailleurs, le manche existe depuis fort longtemps et ne fait pas l'objet d'un brevet. La reconnaissance de l'avance technologique est bien plus importante. Mais ceci n'est qu'un rêve !

***

Comme nous l'avons déjà mentionné, depuis des dizaines d'années, il y a des plaintes d'Airbus contre Boeing, et inversement, devant l'OMC (Organisation mondiale du commerce), chacun accusant l'autre de recevoir des subventions de manière illégale, ce qui fausse la concurrence. Les Européens reçoivent des prêts à taux réduits des différents États, et les Américains bénéficient d'énormes réductions d'impôts de certains de leurs États pour y implanter leurs usines. D'appel en appel devant les juges, il est probable que ce dossier ne sera jamais clos !

***

Il y a beaucoup d'organismes nationaux et internationaux, et il est toujours bon pour un constructeur d'avoir ses entrées dans les plus importants. Le but n'est pas d'avoir des passe-droits ou de bénéficier de traitements de faveur, mais de pouvoir s'expliquer plus facilement s'il y a une difficulté. Il s'agit aussi de surveiller de près l'évolution de la réglementation, et de veiller à ne pas être pénalisé par de nouvelles règles lorsqu'elles n'ont pas une réelle valeur ajoutée dans le domaine de la sécurité. Les constructeurs sont regroupés dans une association appelée ICCAIA (International Coordinating Council of Aerospace Industries Associations). Un ou plusieurs membres de certains constructeurs, le plus souvent Airbus et Boeing, représentent les intérêts de tous les constructeurs dans des réunions internationales, par exemple à l'OACI. Des réunions régulières de coordination entre constructeurs sont tenues (souvent par Webex) afin de déterminer les meilleures stratégies pour les sujets les plus délicats.

La participation à certains groupes de travail prend beaucoup de temps, mais elle est importante. En effet, même si l'intérêt paraît limité dans l'immédiat, et que le déplacement semble inutile, certaines décisions peuvent avoir des conséquences très sérieuses à long terme. Les constructeurs ont une audience limitée car, en principe, chaque État peut envoyer un représentant (heureusement tous ne le font pas !), et l'ICCAIA ne représente qu'une voix parmi beaucoup d'autres. Les connaissances techniques des constructeurs peuvent quand même quelquefois éviter certaines mauvaises décisions prises par des personnes moins bien informées des contraintes de conception des avions ou des hélicoptères.

La réglementation concernant la certification est assez ancienne. Elle a bien fait ses preuves et, maintenant, elle n'évolue que très lentement. Mais beaucoup de réglementations qui ne concernent pas nécessairement directement les avions sont en perpétuelle évolution. C'est le cas en particulier à l'OACI. Ces réglementations, ou plutôt recommandations car elles peuvent être rejetées par chaque État, concernent de nombreux domaines de l'aviation : trafic aérien, procédures de navigation, organisation des aérodromes, etc. Les constructeurs doivent, ensemble, rester vigilants, et veiller à ce que les décisions prises n'aient pas d'impact négatif sur leur activité. Par exemple, j'ai souvenir d'un groupe de travail en charge d'établir la phraséologie entre pilotes et contrôleurs. Pour signifier qu'il n'y avait plus de restrictions sur les altitudes en montée ou en descente, il avait été sérieusement envisagé d'utiliser le mot « *Open* ». Mais ce mot était déjà utilisé dans le système de guidage des Airbus, avec un sens légèrement différent. L'adoption de cette phraséologie aurait conduit à une grande confusion dans les cockpits d'Airbus. Il fallait donc absolument éviter une standardisation de phraséologie avec ce mot. Cet argument a été accepté.

Finalement, dans toutes ces réunions internationales, les constructeurs se retrouvent très souvent côte à côte. En effet, ils ont tous le souci de la sécurité des vols, mais cela n'implique pas nécessairement la surenchère et l'empilage de réglementations. Une réglementation qui assure parfaitement la sécurité n'a pas besoin d'être trop directive. Bien au contraire, elle doit laisser autant de liberté que possible car sinon l'innovation pourrait en pâtir. Ainsi, il faut souvent rappeler à certains participants à ces réunions que la réglementation ne doit définir que les objectifs à atteindre, mais en aucun cas les moyens pour y parvenir. Les « querelles » face à l'administration ne sont pas inhabituelles !

***

L'autre domaine où les constructeurs travaillent la main dans la main est celui de la sécurité des vols. Il ne s'agit pas d'échanger des informations confidentielles sur des accidents particuliers, mais de s'intéresser aux causes d'accident les plus fréquentes et de proposer des remèdes. Nous allons l'illustrer avec deux exemples.

En 2009, il y a eu un accident sur un Airbus au cours d'un vol après des opérations de maintenance. Cela faisait suite à deux incidents sérieux sur des avions d'autres constructeurs (Boeing et Dassault), pendant des vols du même type. Airbus a décidé de préparer des cours de formation à ce type de vol après maintenance pour ses clients. Plus tard, un séminaire sur ce sujet a été organisé par la Flight Safety Foundation, et il a été financé par les quatre principaux constructeurs d'avions de transport : Airbus, Boeing, Bombardier et Embraer. À la demande de tous les clients, ces constructeurs ont préparé une documentation commune pour l'exécution de ce type de vols. De plus, Airbus ayant déjà développé un stage, les compagnies aériennes ont demandé que les autres constructeurs préparent une formation similaire. Afin de faciliter la standardisation, Boeing est venu suivre (gratuitement !) le cours Airbus. Clairement, c'est un domaine où il était préférable de bien coopérer plutôt que de se faire concurrence. Ce type d'échanges permet de réduire les coûts, et de satisfaire les clients grâce à la standardisation.

Un autre exemple concerne les procédures de sortie du décrochage (perte de contrôle à basse vitesse). Au début des années 1980, une procédure, que j'ose qualifier d'« inappropriée », avait été mise en place (pour une raison que j'ignore) et, en 2010, elle était pratiquement « gravée dans le marbre » dans toutes les écoles et les compagnies aériennes du monde entier. Pendant la récupération, il ne fallait absolument pas perdre d'altitude, alors que la vérité aérodynamique est qu'il faut réduire immédiatement ce qu'on appelle l'incidence, c'est-à-dire l'angle entre l'aile et l'écoulement de l'air, pour récupérer le contrôle de la surface décrochée. Chez Airbus, nous avions vainement essayé de la changer, mais il fallait s'attaquer à toutes les réglementations internationales et aux procédures de toutes les compagnies aériennes dans le monde. Puis, en 2010, à la suite d'un accident aux États-Unis, la FAA a décidé de revoir les méthodes d'entraînement à la récupération du décrochage, mais sans changer les procédures. Je me suis mis d'accord avec mon homologue de chez Boeing, également pilote d'essais et responsable de la sécurité des vols, pour intervenir et modifier la procédure. La première réunion a été houleuse. Mais nous avons fait remarquer que, dans la salle, seuls les deux représentants de Boeing et d'Airbus avaient fait des décrochages sur des avions de transport (quelques milliers chacun), et étaient donc réellement qualifiés pour parler d'une procédure de récupération puisqu'ils l'avaient fréquemment utilisée. C'est ainsi que nous avons pu remporter la bataille et changer cette procédure. Par la suite, nous avons fait plusieurs fois des présentations communes Airbus / Boeing sur ce sujet dans des séminaires internationaux afin de bien expliquer les nouvelles procédures et les raisons du changement.

Les exemples sont nombreux où les constructeurs travaillent ensemble pour améliorer la sécurité des vols. D'ailleurs, des échanges ont lieu dans le domaine des essais en vol afin que chacun soit informé des difficultés que l'autre a pu rencontrer, et que les mêmes erreurs ne soient pas faites plusieurs fois, sachant que certaines peuvent avoir des conséquences dramatiques.

***

L'attitude de l'administration américaine n'a certainement pas toujours été exempte d'arrière-pensées concernant les opérations de certains appareils construits en Europe. Il est quelquefois difficile de connaître les motivations de certaines décisions, le but étant probablement une forme de protectionnisme pour les industriels américains. Cependant, même s'il est difficile de le démontrer, je suis personnellement absolument convaincu que cette attitude provient de l'administration elle-même, et qu'elle n'est pas encouragée par les constructeurs américains, sans doute parce qu'ils peuvent craindre des représailles.

Les constructeurs ont besoin de se serrer les coudes sur le plan technique. Toute contrainte non justifiée et trop sévère pour le développement ou la certification causera du tort à tous, à court ou long terme, d'où l'intérêt de défendre des positions communes.

CONCLUSION À L'ATTENTION DES FUTURS INGÉNIEURS

Comme vous avez pu le constater, la conception d'un avion, d'un hélicoptère ou d'un lanceur spatial est très complexe. Il faut résoudre simultanément de multiples problèmes dans différents domaines pour intégrer tous les systèmes. Il y a une forte concurrence, et chaque constructeur doit donc améliorer en permanence ses produits sous peine de disparaître à terme.

La mise au point du moindre système prend environ une dizaine d'années entre l'idée initiale et l'installation sur des appareils produits en série. Un jeune ingénieur qui participe activement au développement d'un nouvel équipement destiné à améliorer les performances ou la sécurité aura la satisfaction d'avoir apporté sa contribution, et il pourra voir en vol, tous les jours, pendant des dizaines d'années, le fruit de son travail. C'est un plaisir que l'on n'a pas dans l'informatique ou l'électronique, où les appareils sont complètement démodés au bout de quelques années et terminent à la poubelle.

L'industrie aéronautique est en pleine expansion en raison de la forte croissance du transport aérien civil, de l'augmentation des budgets militaires, et de la concurrence dans tous les domaines. La conception de nouveaux appareils et d'équipements va se poursuivre avec encore beaucoup d'innovations. Donc, il y a de l'avenir pour tous.

Si les débuts professionnels des jeunes passent le plus souvent par une spécialisation pour développer des systèmes dans un domaine donné, après quelques années, des évolutions de carrière sont possibles au choix, vers le marketing, le support aux clients, les essais en vol, etc. Les ingénieurs qui ont plutôt un profil de manager pourront être orientés vers une fonction de coordination, puis d'ingénieur en chef (ou chef de projet), qui permet d'avoir une vue d'ensemble sur le programme, et de prendre les décisions techniques importantes.

Dans une carrière, il y a des opportunités. N'hésitez pas à les saisir si elles vous conviennent. Si vous souhaitez vraiment vous réorienter, soyez à la fois patient et persévérant. C'est une attitude payante.

Pour terminer, n'oublions surtout pas que la sécurité doit être présente à l'esprit de tous à chaque instant.

Bonne chance !

ANNEXES

LE FONCTIONNEMENT D'UN AVION

Les avions se maintiennent en vol grâce à une force que l'on appelle la portance. Le flux d'air sur l'aile crée une surpression sous l'aile (intrados) et une dépression sur la partie supérieure (extrados). C'est cette différence de pression qui est à l'origine de la portance.

La portance dépend de deux paramètres. Le premier est l'angle entre le flux d'air et le profil de l'aile, qui est appelé incidence. Dans certaines limites, plus l'incidence est grande et plus la différence entre dépression et surpression est élevée et donc plus la portance est importante.

Le second paramètre est la vitesse. Plus on va vite et plus la portance est grande car les différences de pression sur l'intrados et l'extrados sont également plus importantes.

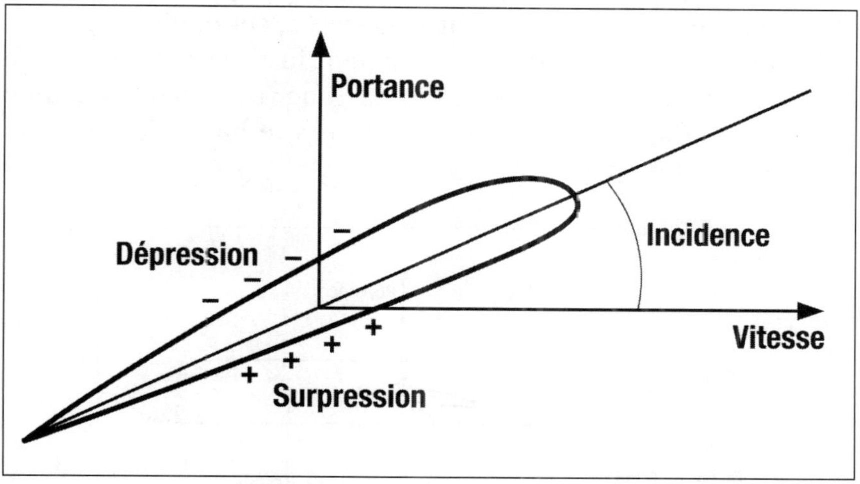

Pour que l'avion reste en équilibre en vol, le poids de l'avion doit être exactement compensé par la portance. Et l'on dispose de deux paramètres pour ajuster cette dernière. Ainsi, à une vitesse donnée, pour être en vol stabilisé, il faudra ajuster l'incidence pour obtenir cet équilibre.

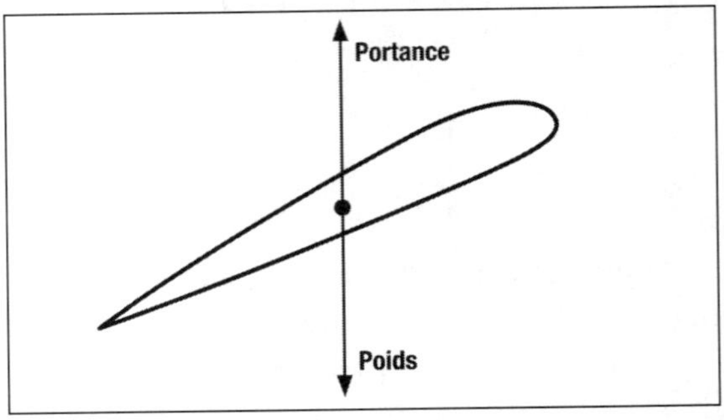

Un avion a besoin d'un empennage horizontal à l'arrière pour voler. Pourquoi ?

Imaginons, en exagérant grossièrement, que la quasi-totalité du poids de l'avion soit dans le fuselage avant. La portance, force verticale vers le haut, s'appliquera sur l'aile, et le poids, force verticale vers le bas, s'appliquera devant l'aile. Il y aura un déséquilibre et l'avion « piquera du nez ».

Pour assurer son équilibre, une petite aile a été ajoutée à l'arrière. C'est l'empennage horizontal. En ajustant convenablement la portance créée par l'empennage, il est possible d'assurer l'équilibre de l'avion. Dans notre exemple, cet empennage doit créer une force vers le bas. En résumant la situation : une force vers le bas à l'avant (le poids de l'avion), une vers le haut au milieu (la portance de l'aile), et une force vers le bas à l'arrière (la portance de l'empennage).

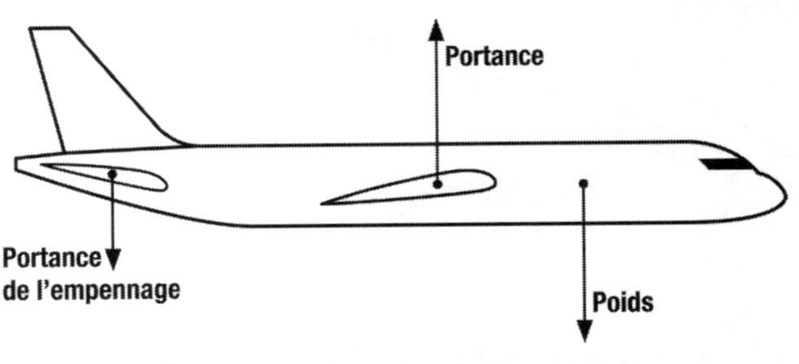

Équilibre longitudinal (exagéré)

Le chargement étant différent d'un vol à l'autre et la répartition des forces variant dans les différentes phases de vol, cet empennage permet d'assurer l'équilibre de l'avion en toutes circonstances.

***

L'avion est équipé d'une dérive pour garantir sa stabilité latérale, c'est-à-dire pour que l'écoulement de l'air reste toujours parfaitement dans l'axe du fuselage. Si ce n'était pas le cas, le vol serait particulièrement inconfortable pour les passagers, avec des mouvements latéraux à la moindre turbulence.

La dérive est, en pratique, une petite aile. Imaginons que le flux d'air provienne de la droite du fuselage. Il va y avoir une force de portance vers la gauche sur cette dérive. Comme elle est placée à l'arrière de l'avion, elle va le faire tourner vers la droite et il va revenir dans l'axe du flux d'air.

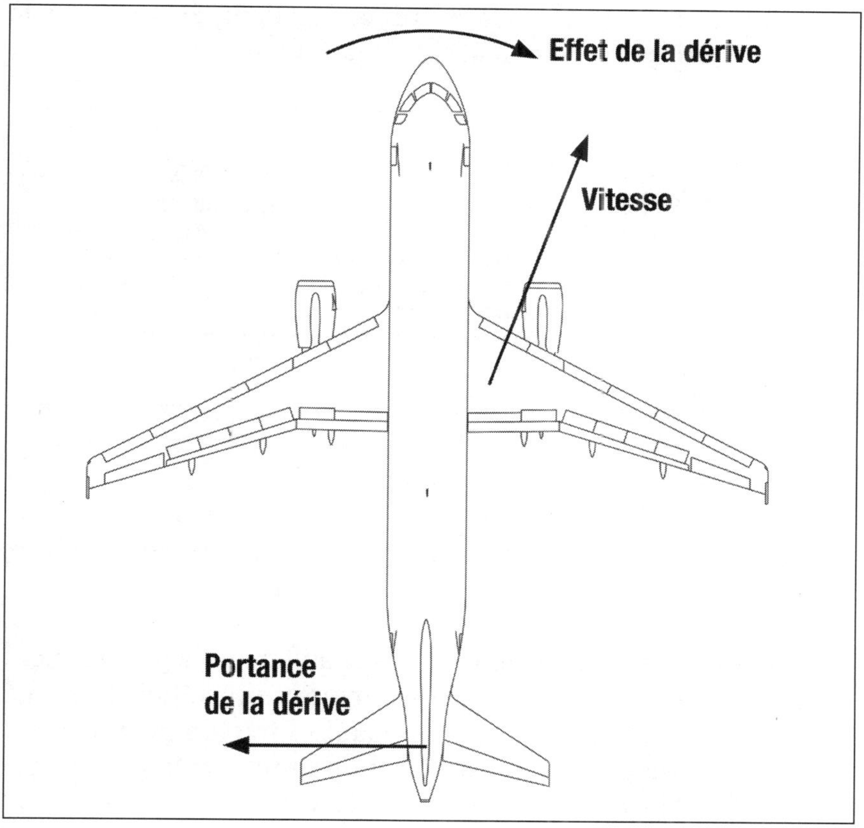

***

Il ne suffit pas d'assurer l'équilibre longitudinal et latéral de l'avion, il faut lui permettre d'évoluer dans l'espace : monter, descendre, virer, etc. Pour cela il est équipé de petites surfaces que l'on appelle les gouvernes.

Pour monter ou descendre, il utilise des gouvernes appelées « profondeurs », par analogie avec ce qu'elles pourraient faire sur un sous-marin, c'est-à-dire ajuster la profondeur de la navigation sous l'eau. Ces surfaces sont placées à l'arrière de l'empennage horizontal. Le fonctionnement est simple. Un braquage de profondeur modifie la portance globale de l'empennage. Cette variation de portance à l'arrière de l'avion « oriente le nez » de l'avion vers le haut ou vers le bas, ce qui lui permet de monter ou de descendre.

Comme le montre le schéma, un braquage de la gouverne vers le bas crée une variation de portance sur l'empennage vers le haut, donc fait piquer l'avion, qui va descendre.

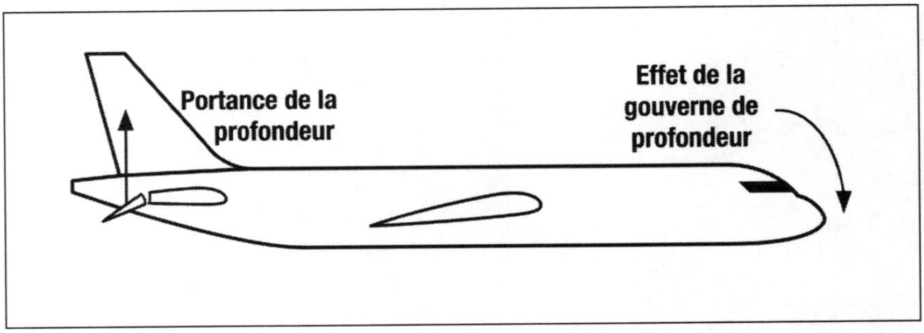

***

Comme vous l'avez remarqué, pour virer, l'avion s'incline. Pourquoi ?

Pour virer, il suffit d'orienter convenablement la portance qui est perpendiculaire à l'aile. Par exemple, en inclinant l'avion à gauche, comme le montre le schéma, la force de portance est orientée vers la gauche. C'est la composante vers la gauche qui modifie la trajectoire dans le sens souhaité.

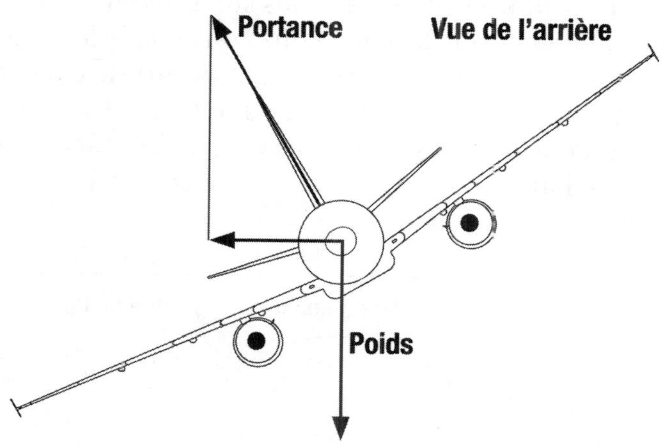

Virage à gauche par orientation de la portance

Mais comment fait-on pour incliner l'avion ?

A l'extrémité de chaque aile, il y a des petites surfaces que l'on appelle les « ailerons ». Les ailerons des deux ailes se braquent en sens opposé. Leur braquage a une influence sur la portance locale de l'aile. Un braquage vers le haut la diminue et un braquage vers le bas l'augmente. Le braquage différentiel permet d'avoir des portances différentes sur les deux ailes et, par conséquent, d'incliner l'avion. Ainsi pour incliner l'avion à gauche, il faudra abaisser l'aileron droit (augmentation de la portance sur l'aile droite) et lever celui de gauche (diminution de la portance).

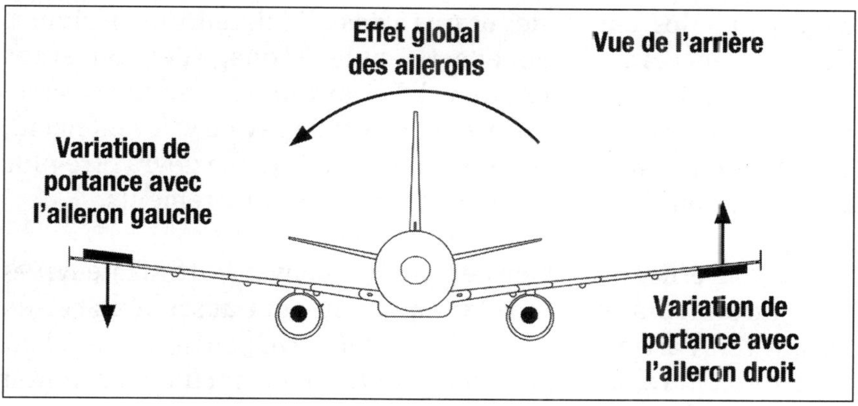

Les avions rapides comportent des surfaces sur l'extrados de l'aile qui se braquent vers le haut et que l'on appelle les « *spoilers* ». Ils permettent de détruire partiellement la portance de l'aile. Ils peuvent être utilisés pour faire virer l'avion grâce à un braquage différentiel. Pour virer à gauche, il suffit de braquer seulement les spoilers de l'aile gauche. La portance de cette aile va diminuer et l'appareil va s'incliner.

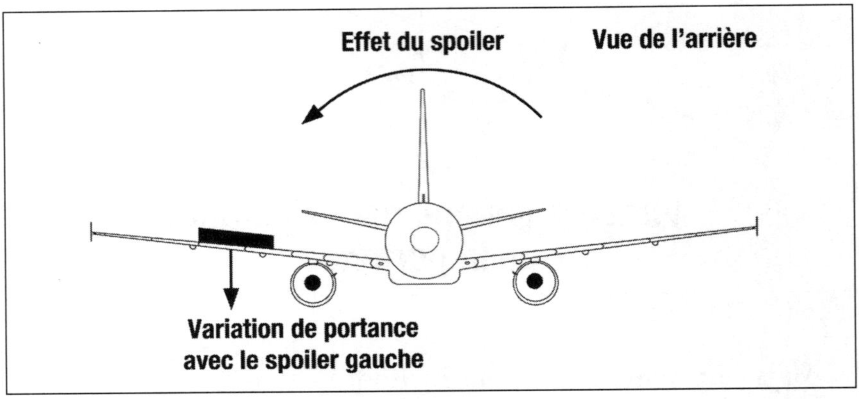

Pour ralentir rapidement l'avion, il est courant de sortir partiellement les *spoilers* des deux ailes (voir cahier photos). Ils ont alors un effet d'aérofrein. Pour la même raison, leur sortie permet d'accélérer la descente lorsque c'est nécessaire. Ce braquage est accompagné de légères vibrations.

***

Les avions de transport modernes sont maintenant quasiment tous équipés de commandes de vol électriques. Le pilote, avec ses commandes, envoie des ordres à des calculateurs numériques. Ces derniers les analysent et activent le braquage des gouvernes en fonction des conditions de vol. Par exemple, à grande vitesse, les gouvernes sont plus efficaces que lorsque l'avion vole lentement, donc, pour obtenir le même résultat, le braquage devra être plus faible. Ce sont les calculateurs qui font ces ajustements.

Les gouvernes d'un avion de transport peuvent être manœuvrées par l'intermédiaire d'un volant que l'on peut aussi déplacer de l'avant vers l'arrière (voir le cahier photo). On pousse sur le volant pour descendre et on tire pour monter. Pour incliner l'avion et donc virer, il suffit de tourner le volant du côté où l'on veut aller, comme en voiture.

Avec des commandes de vol électriques, il n'y a plus d'efforts à faire sur les commandes, comme c'était le cas il y a fort longtemps, lorsque le pilote braquait les gouvernes avec sa seule force musculaire. Pour cette raison, certains constructeurs, comme Airbus et Dassault Aviation, ont décidé de remplacer le gros volant par un petit manche latéral (voir le cahier photo). Le fonctionnement est identique : pousser ou tirer pour descendre ou monter et le braquer à droite ou à gauche pour virer.

Chaque pilote dispose également de deux pédales couplées : si on pousse sur l'une d'elles, l'autre se déplace en sens inverse (voir cahier photos). Elles servent essentiellement au sol pour guider l'avion car elles commandent l'orientation des roues avant. Si on pousse sur la pédale droite, l'avion va tourner à droite.

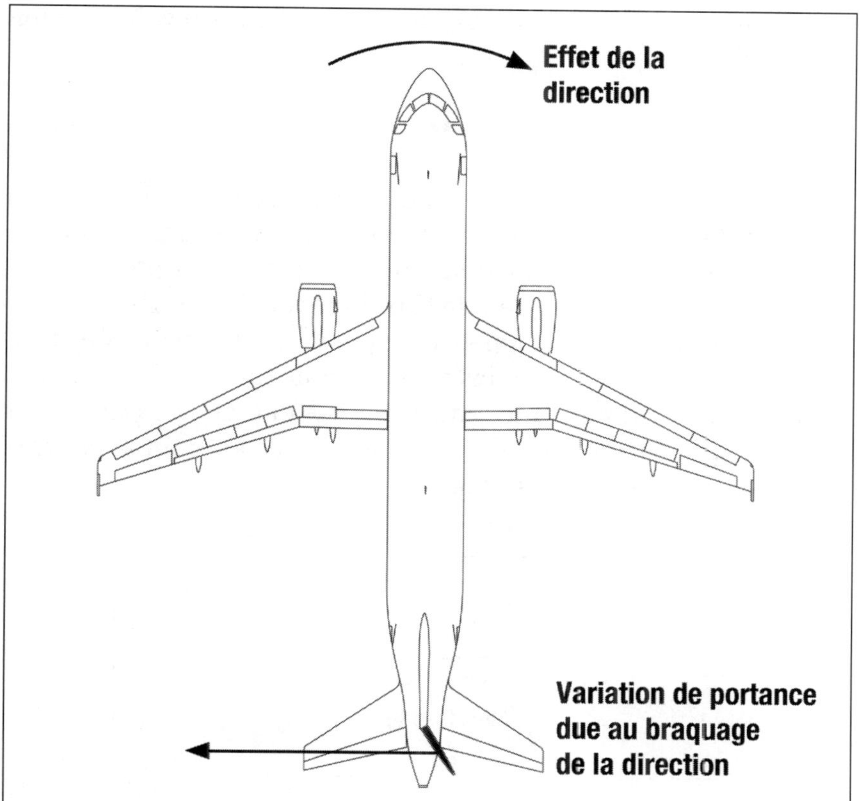

Sur un avion de transport moderne, en vol, ces pédales ne servent jamais, sauf dans le cas de panne d'un moteur. Dans cette situation, l'appareil tend à virer du côté du moteur arrêté. Pour compenser, le pilote braque la direction, qui est la gouverne placée à l'arrière de la dérive. Si le pilote pousse sur la pédale droite, la direction se braque vers la droite et cela crée une force de portance vers la gauche sur la dérive. Comme elle est à l'arrière de l'appareil, le « nez » va tourner vers la droite.

***

Les gouvernes des gros avions de transport sont activées par des servocommandes. L'ensemble des commandes de vol comporte de multiples redondances pour tenir compte des pannes potentielles. A titre d'exemple, l'A380 a quatre gouvernes de profondeur. Chacune peut être activée par deux servocommandes, elles-mêmes commandées par deux ou trois calculateurs. Tout cela sachant qu'une seule gouverne, activée par une seule servocommande et un seul calculateur, permet de faire voler l'avion en sécurité !

***

Au décollage et à l'atterrissage, des surfaces sont braquées à l'arrière de l'aile. Ce sont les « volets » (voir le cahier photos). Ils permettent d'augmenter la portance car ils agrandissent la surface de l'aile et ils dévient le flux d'air vers le bas. La portance étant plus élevée, pour compenser le poids, il est possible de voler, de décoller et d'atterrir à des vitesses plus faibles. Cela permet donc de réduire les distances de décollage et d'atterrissage. Sans ce braquage, l'utilisation de certaines pistes avec un avion très lourd pourrait être impossible.

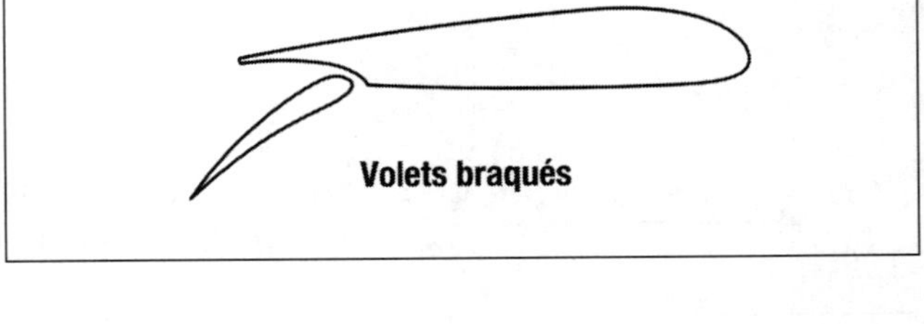

Les appareils commerciaux, à l'exception de certains avions destinés au transport régional, ont également de petites surfaces qui se braquent à l'avant de l'aile. Ce sont les « becs » (voir le cahier photos). Ils permettent d'améliorer le fonctionnement de l'aile à grande incidence et donc de voler à des vitesses plus faibles.

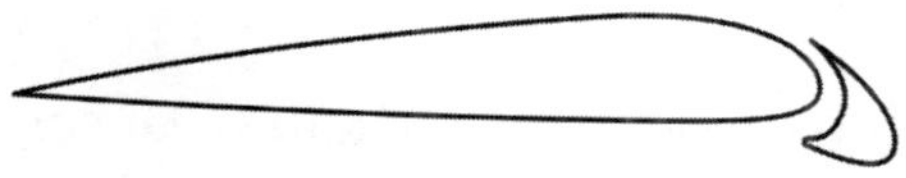

Becs de bord d'attaque braqués

***

La vitesse de croisière d'un avion à haute altitude est indiquée par ce qu'on appelle le « Nombre de Mach » ou tout simplement « Mach ». Il s'agit de la vitesse exprimée en prenant comme référence la vitesse du son. A l'altitude de croisière, cette vitesse du son est d'environ 300 mètres par seconde (1 080 km/h). La vitesse des avions commerciaux se situe entre Mach 0,75 et Mach 0,85 (par exemple pour l'A380). Dans ce dernier cas, cela correspond à une vitesse d'environ 920 km/h. Il s'agit d'une vitesse par rapport à l'air.

Autrefois Concorde volait à Mach 2. Aujourd'hui, aucun avion de transport ne vole en supersonique. En effet, près de la vitesse du son (Mach 1) et au-delà, des phénomènes aérodynamiques nécessitent d'augmenter de manière significative la poussée des réacteurs, d'où un accroissement important de la consommation. Dans notre société qui devient économe en énergie, il est considéré que le jeu n'en vaut pas la chandelle. Rappelons que Concorde a été conçu bien avant les « chocs pétroliers » des années 1970, à une époque où l'on ne se préoccupait guère de la consommation, si ce n'est que l'emport de carburant se fait au détriment du nombre de passagers.

***

Nous avons vu comment le pilote pouvait diriger l'avion au sol, à l'aide des pédales en orientant la roue avant. Mais il peut être nécessaire de faire des virages très serrés, par exemple à l'extrémité d'une piste ou quelquefois en arrivant au point de stationnement. Pour cela, les roues avant doivent être fortement braquées, avec un angle maximal qui est habituellement de l'ordre de 70 degrés (voir le cahier photo). Le pilote dispose d'une petite manette sur la console latérale du poste de pilotage qui lui permet d'effectuer une telle orientation des roues.

Les freins sont situés sur les pédales. Au sol, en poussant la pédale, on oriente les roues avant, et en poussant seulement sur sa partie supérieure, la pédale pivote et cela permet de freiner les roues du train d'atterrissage situé du même côté. Ainsi, on pourrait éventuellement diriger l'avion au sol à l'aide des freins, en freinant seulement sur les roues du côté où l'on veut tourner, comme on le fait sur certains avions légers.

A l'atterrissage, le braquage des *spoilers* vers le haut détruit la portance et il permet de plaquer l'avion au sol (voir le cahier photo). Cela améliore grandement le freinage car il est d'autant plus efficace que la force d'appui sur les roues est plus élevée.

Pour améliorer les distances de freinage, les avions disposent d'un système « *antiskid* » ou antipatinage extrêmement performant. Sur une voiture, ce système évite un blocage des roues qui conduirait à glisser. La pression dans les freins est relâchée dès qu'un blocage est détecté par le système. Sur un avion, le freinage maximal est optimisé en ajustant en permanence la pression dans les freins afin d'autoriser un très léger glissement. Les roues tournent, mais à une vitesse un peu inférieure à la normale en raison de ce glissement.

***

Regardons le principe de fonctionnement d'un réacteur. L'air qui entre dans le moteur passe d'abord dans le compresseur, dont les pales aux courbures magnifiques sont la partie visible dans l'entrée d'air (voir le cahier photo). L'air comprimé arrive dans la chambre de combustion où il est mélangé au carburant. L'ensemble brûle en dégageant beaucoup d'énergie. Les gaz brûlés qui se sont dilatés avec la température sortent de la chambre de combustion à très grande vitesse. Ils entraînent une turbine. Cette turbine est solidaire du compresseur, et c'est donc elle qui fournit l'énergie pour comprimer l'air. A la sortie de la turbine, les gaz ont encore une vitesse très élevée et c'est ce qui produit la poussée. En pratique, pour améliorer le rendement, il y a en général deux ensembles tournants : compresseur et turbine basse pression, et compresseur et turbine haute pression, comme le montre le schéma.

Les réacteurs modernes sont optimisés pour réduire la consommation. Une partie de l'air comprimé ne passe pas dans la chambre de combustion, mais il est simplement accéléré par le compresseur. C'est pour cette raison que l'entrée d'air a un diamètre aussi grand. Le premier compresseur visible (car il y en a plusieurs), avec ses très grandes pales, joue le même rôle qu'une hélice. C'est le fan. Le réacteur est appelé « double flux ».

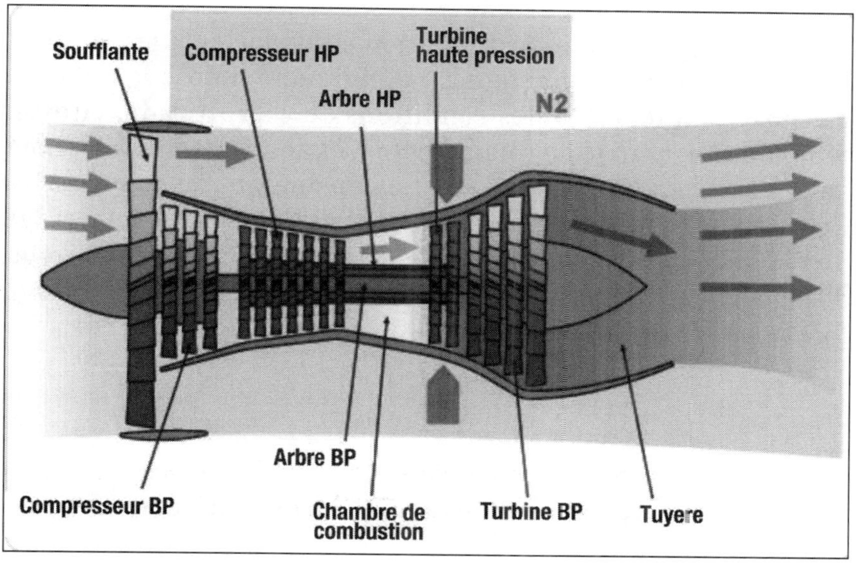

Le temps d'établissement de la puissance sur un réacteur est beaucoup plus long que sur le moteur à pistons d'une voiture. En effet, pour obtenir la pleine poussée à partir du ralenti, il faut mettre en rotation à très grande vitesse des ensembles très lourds. Cela ne peut pas se faire instantanément. A titre d'exemple, si l'avion est en approche et que le pilote décide de ne pas atterrir, il devra faire ce que l'on appelle une « remise de gaz », c'est-à-dire mettre la poussée maximale et reprendre de l'altitude. Le temps d'établissement de la poussée maximale à partir du ralenti est de l'ordre de 7 à 8 secondes. D'ailleurs, on peut s'en rendre compte au décollage : l'augmentation de bruit progressive des réacteurs indique bien que la poussée n'arrive pas instantanément.

A l'atterrissage, lorsque l'avion approche de la piste, le pilote réduit les moteurs afin de faciliter la descente et faire chuter la vitesse. Peu après le toucher des roues, il inverse la poussée des réacteurs à l'aide de dispositifs, dont la conception est différente d'un moteur à l'autre, qui renvoient le jet des réacteurs vers l'avant (en fait une partie seulement). Dès que ces « inverseurs » sont déployés, l'équipage peut augmenter la poussée, d'où le bruit important que l'on peut entendre. Cette poussée vers l'avant aide l'appareil à décélérer et limite l'usure des freins.

A notre époque d'informatisation systématique, les moteurs sont pilotés par un calculateur numérique qui dose le débit de carburant en fonction des conditions de vol (altitude, vitesse, température, régime de rotation, etc.), et des demandes du pilote ou des automatismes (augmentation ou diminution de poussée). Ce calculateur gère également toute la séquence de démarrage du réacteur au sol ou en vol : lancement et coupure du démarreur, dosage du carburant injecté en fonction du régime de rotation, fonctionnement des bougies d'allumage, etc.

***

Il y a de nombreux automatismes car l'équipage passe très peu de temps à piloter manuellement l'avion et le moteur.

D'abord « Georges ». Georges, c'est le surnom donné depuis fort longtemps au pilote automatique. Finalement, il est considéré comme faisant partie de l'équipage, ce qui est logique. Il sait pratiquement faire tout ce que fait le pilote, à l'exception du décollage, du roulage et du traitement des pannes. Il est beaucoup plus précis qu'un humain. Le pilote peut donc enclencher le pilote automatique juste après le décollage et, dans certaines conditions, le déconnecter seulement à faible vitesse après l'atterrissage.

Le contrôle de la poussée peut aussi être fait automatiquement. Le principe est similaire à celui du contrôle de la vitesse sur une automobile, à ceci près que plusieurs autres fonctions existent. Ce système est appelé « automanette » ou « *autothrust* » (« auto-poussée ») car il contrôle la poussée comme les manettes de gaz le font manuellement. La fonction la plus simple est la tenue de vitesse en croisière ou en approche. La poussée est ajustée par l'automanette comme la puissance sur une voiture. Mais si, partant de la croisière, le pilote donne l'ordre aux systèmes de navigation de descendre rapidement, la poussée va venir automatiquement au ralenti et y rester pendant toute la descente. Inversement, si le pilote donne l'ordre de monter, l'automanette va donner la poussée maximale. D'autres fonctions existent qui, associées au pilote automatique, permettent à la fois le maintien de la vitesse et d'un taux de montée ou de descente.

Tous ces automatismes facilitent grandement la tâche de l'équipage. C'est important car, compte tenu de la densité du trafic, il faut optimiser toutes les trajectoires et naviguer avec une grande précision.

QUAND UN AVIONNEUR ADMET QU'IL NE SAIT PAS TOUT : LE CAS A3XX EN 1996

Par Philippe Jarry

Il faut bien reconnaître qu'aucune organisation, institution, entreprise, etc. n'a la capacité de trouver, seule, la bonne réponse à toutes les questions qui se posent. Il lui faut être ouverte... Et suffisamment humble. Une fois encore, cette fois-ci au printemps 1996, le Bureau exécutif d'Airbus (l'E.B.) se pose la question de l'élargissement de la gamme de ses avions. L'A300-600 est encore offert en version fret, l'A310 a disparu, sur un marché essentiel l'A320 tient bon face au B737, ainsi que les A330 et A340 face aux B767 et B777. Mais il y a un segment de marché dont Airbus est absent : face au B747 qui règne en maître depuis bientôt trente ans, Airbus ne propose rien. Faut-il agir ici ?

Études de marché annuelles, tentative de travail en collaboration avec Boeing (menée par les sociétés partenaires d'Airbus en 1994-1995)... Airbus n'a pas de vue claire sur le sujet. Le président déclare même : « Personne n'y comprend rien. » Il aurait pu en rester là, mais il ajoute : « Donc, il faut aller voir au fond du marché. Il faut aller poser la question de confiance à quelques compagnies aériennes. »

C'est ainsi que se constitue discrètement la « Large Aircraft Division » qui, avant d'être une solide Division est une toute petite équipe. Et ses trois directeurs vont faire un tour du monde en quelques semaines pour poser à une poignée de compagnies choisies une série de questions simples, mais absolument clés pour la prise de décision d'Airbus. Posées lors de réunions avec le Top Management de ces compagnies, ces six questions, les voici :

— Pensez-vous que le développement de votre compagnie requiert un avion plus gros que le B747-400 que vous mettez en ligne aujourd'hui ?

— Vous êtes clientes du B747 depuis de longues années et vous avez acquis ses versions successives. Pensez-vous qu'une nouvelle version de cet avion pourra correspondre aux besoins que vous venez de formuler ?

— Est-ce donc un avion entièrement nouveau qui correspond à vos attentes ?

— Notre concurrent Boeing étant l'unique fournisseur sur le marché des gros-porteurs long-courriers, et ce depuis des décennies, pensez-vous qu'un autre avionneur, Airbus par exemple, ait une chance de pénétrer ce marché si la décision était prise d'offrir une concurrence ?

— Si Airbus en venait à prendre la décision d'étudier un projet d'avion « très gros-porteur », seriez-vous prêts à partager l'expérience que vous avez acquise sur ce marché avec l'équipe d'Airbus ?

— Pouvez-vous indiquer l'horizon auquel vous attendez un avion nouveau ?

Pour cet exercice, Airbus a ciblé l'Asie Pacifique, l'Europe et l'Amérique du Nord en allant interroger des compagnies qui sont, en quelque sorte, le club d'élite du B747 (certaines en ayant commandé plus de 80 et jusqu'à 100 !) Certaines ne sont pas (pas encore) clientes d'Airbus, soit dit en passant. Il ne faut pas parler qu'à ses propres amis. Et les réponses furent claires et cohérentes. À la première question, toutes répondent oui, ajoutant qu'il ne faut pas craindre la taille, la capacité. À la seconde, toutes affirment qu'elles attendent un avion nouveau et pas un B747 de plus. La troisième question visait seulement à bien enfoncer le clou de l'avion nouveau et non d'une nouvelle version d'un avion ancien. Avec la réponse à la quatrième question, les compagnies montrent leur confiance en Airbus. La cinquième est également une question de confiance : la transmission d'un savoir-faire, celui de l'exploitant. Toutes les compagnies se disent prêtes à coopérer ainsi. Enfin, à la dernière question, la réponse, unanime également, met Airbus dans l'embarras : ne perdez pas de temps, mettez-vous au travail !

L'ensemble des réponses, toutes cohérentes, sont rapportées au Bureau exécutif. Même si c'est convaincant, son président va encore demander d'aller faire un coup de sonde auprès d'un « Grand Patron » qui a de l'autorité et qui a une vraie vision du futur du transport aérien. Il faut dire que Fred Smith, l'inventeur du « système FedEx », un réseau de transport de petits colis et plis urgents a commencé avec une flotte de Mystère 20F et est à la tête d'une flotte impressionnante de B727 et DC10. Un modeste Mystère 20F est d'ailleurs conservé juste en bas de son bureau. À la fin de la présentation d'Airbus, faite avec une certaine appréhension on peut l'avouer, sur ce que pourrait être un A3XX-Fret, Fred Smith interpelle l'équipe d'Airbus : « Avez-vous lu quelque part dans un livre que l'Histoire du transport aérien devait s'arrêter avec le B747 ? Non ? Eh bien, moi non plus ! Mais si, un jour, vous trouvez un tel bouquin, achetez-le et offrez-le moi, j'aimerais pouvoir rire ! » Fin de citation.

« Qu'a dit Fred ? » demande le président d'Airbus quand son équipe vient lui faire le « *debrief* » de la visite à Memphis. « Bon, alors, au travail ! »

Et toutes les compagnies aériennes invitées à partager leur expérience l'ont fait en envoyant leurs spécialistes dans les réunions organisées par la Large Aircraft Division de 1996 à 2000 et au-delà. Apprenant ce qui se tramait chez Airbus, Emirates s'y joignit en 1998 avec l'implication que l'on sait.

LA « TORTUE », LE PLUS GRAND LEGO DU MONDE

Par Françoise Castel

Ce mercredi 17 Juin 1998, à Londres, la « Large Aircraft Division » d'Airbus anime une conférence technique auprès des compagnies aériennes de lancement de l'A3XX (pas encore baptisé A380), mais également auprès des aéroports de lancement. Il s'agit bien d'une première pour l'avionneur Airbus d'inclure dans le « *panel client* » de ce nouveau programme en pré-développement, non seulement les compagnies aériennes, mais également les aéroports. La raison est simple : pour la première fois de son histoire, Airbus envisage le lancement de l'avion le plus grand et le plus lourd du marché de l'aviation civile. La machine entrera dans une « boîte » de 80x80x80 ; comprendre : 80 m de long, 80 m d'envergure, 80 pieds de haut, et atteindra un minimum de 540 t MTOW (*Maximum Take-Off Weight* : poids maximum au décollage).

Toutes les divisions techniques vont tour à tour plancher au pupitre de conférencier pour exposer l'état d'avancement de ce pré-développement en termes de missions dont l'avion sera capable, de performances aérodynamiques et propulsives, de caractéristiques de consommation, de bruit, de paramètres d'évacuation d'urgence, de configuration des trains d'atterrissage et enfin de compatibilité aéroportuaire. Car, en 1998, très peu d'aéroports disposent des infrastructures nécessaires à l'accueil d'un avion de la taille et de la masse de l'A3XX. L'OACI (Organisation de l'Aviation civile internationale) veut imposer, par exemple, des pistes d'envol de 60 m de large au lieu de 45 m. Pour intégrer un trafic d'A3XX l'aéroport devrait donc prévoir d'évoluer du code E au code F défini par l'OACI, le code F reflétant en particulier la nécessité d'avoir une largeur supérieure pour les pistes d'envol et les taxiways. (Plus tard, Airbus réussira à certifier son nouvel avion pour des pistes de 45 m en montrant que tous les écarts par rapport à l'axe de piste au décollage et à l'atterrissage, mesurés pendant les essais, sont en moyenne inférieurs à ceux qui avaient été enregistrés avec l'A340-600).

Aborder la compatibilité aéroportuaire d'un aéronef exige de s'intéresser précisément aux trains d'atterrissage. Pour l'A3XX, plusieurs configurations de trains sont à l'étude. S'il est clair que le train avant n'aura que deux roues, la question des quatre trains principaux n'est pas tranchée entre les jambes de train à 4 roues et à 6 roues en position « *body* » (sous le fuselage) ou « *wing* » (sous la voilure). Pour la première fois, Airbus ferait appel à des trains principaux à 6 roues. Une configuration de trains principaux avec seulement des trains à 4 roues n'est pas envisageable compte tenu du MTOW de cet avion. En effet, la masse étant répartie à 95 % sur les trains principaux (97 % dans le cas de centrage maximum arrière), 540 x 0.95 = 513 t réparties sur 4 x 4 = 16 roues généreraient une charge à la roue de 32 t, ce qui serait 30 % supérieur au niveau maximum connu alors avec le B747-400. Nul besoin de logiciel pour anticiper que le paramètre deviendrait un « *show-stopper* » du programme, c'est-à-dire qu'il condamnerait le développement de cet avion au motif qu'il engendrerait sur les pistes d'aéroports des ornières, fissurations, propagation de criques, destruction par le gel, etc. Un véritable cauchemar pour tout gestionnaire de plate-forme en termes de coûts.

Les aéroports de lancement du programme A3XX sont les plus grandes plates-formes aéroportuaires au monde : New York JFK, Hong Kong, Singapour, Tokyo Narita, Sydney, Londres, Francfort, etc. Elles sont susceptibles d'accueillir un trafic hebdomadaire significatif de cet avion emblématique voué à régler l'équation insoluble de l'augmentation du trafic passager (doublement du « passager-kilomètre payant » tous les quinze ans – source OACI) combinée à la limite du nombre de créneaux d'atterrissage. Or, un aéroport investit des millions dans ses infrastructures, en particulier pour la construction d'une piste. Selon le choix technologique d'une structure asphaltée (dite souple) dont la couche de roulement est en béton bitumineux similaire à nos autoroutes, ou d'une structure béton (dite rigide) dont la couche de roulement est faite de plaques de béton goujonnées entre elles par des pions d'acier, et du trafic d'aéronefs que reçoit la plate-forme, la piste est dimensionnée pour 10, 15 à 20 années d'exploitation. Introduire un avion de 540 t MTOW et plus, tel que l'A3XX dans sa version initiale et ses variantes successives, est une gageure puisque l'avion dimensionnant du moment est le B747-400 de Boeing et ses 412 t sur 16 roues (24,5 t/roue). Aucun aéroport ne peut se permettre de voir son infrastructure prématurément endommagée, et générer des surcoûts colossaux de maintenance, voire de reconstruction.

Les représentants des aéroports présents à la conférence de Londres en juin 1998 connaissent l'ambition de Boeing et de la FAA de cofinancer, à hauteur de 55 m$, sur six ans, un ambitieux programme expérimental de recherche dit NAPTF (*National Airport Pavement Test Facility*), à Atlanta, qui doit permettre de comprendre scientifiquement le comportement des structures souples et rigides sollicitées en statique (parking) ou dynamique (roulage) par un trafic prédéterminé d'avions divers, de modéliser ces structures et leur comportement mécanique sous charges pour, *in fine*, pouvoir calculer de nouvelles structures, en prédire le vieillissement, et optimiser conception et plans de maintenance. Un objectif à peine dissimulé est, pour l'industrie et l'administration américaines, de collecter des éléments objectifs permettant de maintenir un lobbying efficace dans les instances de réglementation internationale telles que l'OACI, afin que les prochaines réglementations soient favorables aux aéronefs américains et non aux avions concurrents.

Pour l'heure, en 1998, la réglementation en vigueur compare deux chiffres représentant, l'un le cas de charge générée par un type de train d'atterrissage : ACN - *Aircraft Classification Number*, et l'autre la résistance mécanique de la piste d'envol : PCN – *Pavement Classification Number*. Tous les acteurs : avionneurs, compagnies aériennes et aéroports, sont donc vigilants pour vérifier que l'ACN soit toujours inférieur au PCN, particulièrement pour le MTOW de chaque appareil. Cette comparaison détermine entre autres le coût des taxes d'atterrissage de tel ou tel avion.

L'ACN est influencé directement par le nombre de roues que comporte le train d'atterrissage, la géométrie de ce train (écartement des roues et des essieux) et la pression des pneumatiques. Le PCN, quant à lui, est directement influencé par le type de structure de piste souple ou rigide, la qualité de portance du sous-sol décrite par le CBR (*Californian Bearing Ratio*) et l'ACN de l'avion dimensionnant dans le trafic de l'aéroport. Les sous-sols sont classés en quatre catégories : A (CBR15), B (CBR10), C (CBR6) et D (CBR4) de la plus portante à la moins portante. Les bureaux d'études en charge du calcul de la structure de piste recherchent donc un optimum entre la portance du sous-sol, les caractéristiques du comportement mécanique des différentes couches de fondations, intermédiaires et de roulement de la piste, le profil de trafic présumé d'avions, la durée d'exploitation et les coûts de maintenance de la piste. Or, les logiciels de dimensionnement d'infrastructures aéroportuaires existants s'appuient sur les lois de la mécanique générale des milieux continus et discontinus, avec la faiblesse qu'ils n'ont été calibrés par l'expérience qu'à la marge, c'est-à-dire par des prélèvements (carottages en particulier) qui permettent de caractériser une usure *a posteriori*. Rien n'a encore été mis au point pour mesurer les contraintes en temps réel.

Alors qu'Airbus finalise le prédéveloppement de son A3XX, le Boeing B777-200 vient d'entrer en service chez United Airlines avec ses 242 t MTOW sur 12 roues (19 t/roue). Mais déjà les premières voix d'experts s'élèvent pour mettre en cause un cas de charge majorant pour les infrastructures aéroportuaires bien plus pénalisant que le train d'atterrissage principal 4-roues du B747-400. Le train d'atterrissage principal 6-roues du B777-200 serait néfaste aux infrastructures en raison de sa compacité supérieure au train principal 4-roues du B747-400. Au-delà du paramètre de tonnage à la roue, la proximité relative de ces roues entre elles crée un champ cumulatif de charges dans l'infrastructure de la piste par superposition des cônes de diffusion des contraintes.

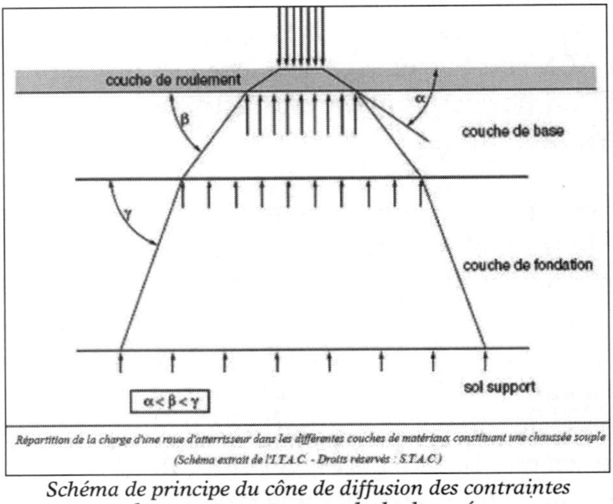

Répartition de la charge d'une roue d'atterrisseur dans les différentes couches de matériaux constituant une chaussée souple
(Schéma extrait de l'I.T.A.C. - Droits réservés : S.T.A.C.)

Schéma de principe du cône de diffusion des contraintes dans une structure souple de chaussée.

Mais la réglementation OACI pour les ACN accorde, par exemple, au train 6-roues du B777-200 sur piste souple un « *alpha factor* » de 0,72 (coefficient intervenant dans le calcul de l'ACN), étonnamment bas, qui permet à cet aéronef de se situer juste en dessous de ses concurrents du moment : B747-400, A340-300, ou à venir : A3XX en particulier. Les Américains entendent démontrer grâce au NAPTF que cet « *alpha factor* » n'est pas usurpé, et que les prochains programmes d'avion concurrents devront se voir attribuer des « *alpha factors* » tellement élevés (du fait du seul tonnage à la roue) que les aéroports eux-mêmes écarteront ces avions de leur trafic par une politique de taxes dissuasives. Pour Airbus, il devient donc essentiel que la science, par la démonstration expérimentale, vole au secours de l'industrie.

C'est donc dans ce contexte industriel très concurrentiel et ambitieux que l'ingénieur en chef du programme A3XX, Robert Lafontan, va se voir interpellé en fin d'après-midi, lors de cette conférence de Londres, par les plus importants aéroports internationaux qui vont réclamer qu'Airbus démontre aussi par la mesure physique que son A3XX « ne cassera pas prématurément les pistes ».

À la question « Mademoiselle Castel, pouvez-vous avant Noël 1998, livrer les premières mesures physiques expérimentales démontrant que l'A3XX s'inscrit parfaitement dans l'enveloppe des cas de charges existants pour les aéroports internationaux ? », je n'ai pas d'autre choix, en séance, que de me lever pour prononcer au micro un « yes » que je veux le plus affirmatif et convaincant possible. À cette seconde, je n'ai pas la moindre idée de la manière dont je vais pouvoir relever ce défi mais je sais qu'il s'agit du projet de ma carrière d'ingénieur aéronautique et que l'aventure technique et humaine qui va en découler sera unique. Le BTP en matière d'infrastructure aéroportuaire n'est pas ma spécialité. Je ne peux m'appuyer que sur ma formation en mécanique, ma connaissance des trains d'atterrissage et une solide culture d'entrepreneur développée dans l'entreprise familiale (industrie graphique – hautement mécanisée) fondée en 1938. Pour relever le défi, il faudra apprendre et agir vite, s'entourer des bons experts, et penser « *out of the box* » pour imaginer la voie de résolution.

De retour à Toulouse, avec seulement six mois de calendrier pour tenir l'engagement pris par Airbus, nous allons mettre en œuvre des trésors d'imagination, de créativité et d'organisation pour monter *ex nihilo* une coopération si possible internationale, créer les moyens d'essais nécessaires et réaliser les premières mesures expérimentales. Plus qu'un formidable projet, ce programme expérimental est comme une PME. Et une PME réussit quand elle réunit la somme idoine de réponses à une question (proposer un produit/service dont le marché a besoin), des moyens productifs modernes et fiables, des compétences pointues et complémentaires nécessaires à la conception et la production, une organisation millimétrée et une rigueur de gestion. C'est donc l'ambition d'une équipe.

En tout premier lieu, ce sont les moyens d'essais qui sont recherchés : une piste d'atterrissage expérimentale et un « véhicule » d'essais capable d'appliquer sur cette piste des cas de charge correspondants non seulement aux configurations possibles des trains de l'A3XX mais également de ses concurrents. Où trouver une piste si ce n'est sur un aéroport ? Ce sera donc la plate-forme de Toulouse Blagnac qui propose la prolongation d'un taxiway sur environ 300 m (voir dans le cahier photo n°2 : « Vue aérienne du chantier de construction des pistes expérimentales souples du Pavement Experimental Program »).

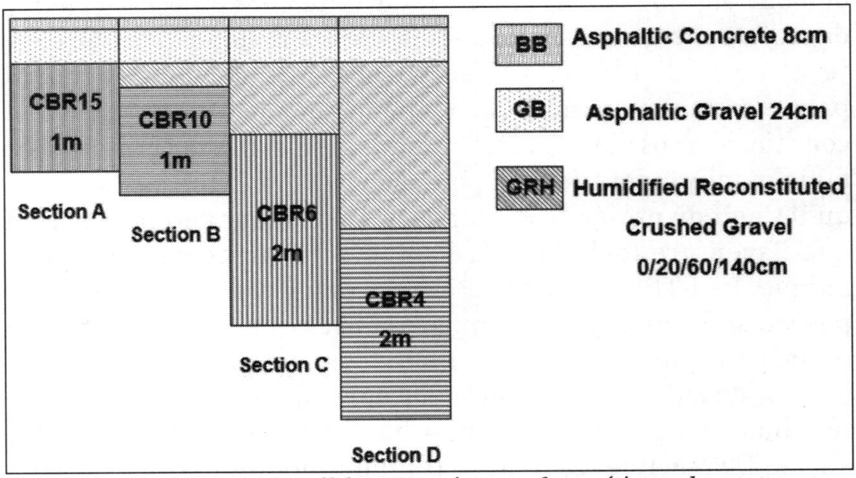

Principe constructif des quatre pistes souples expérimentales du Pavement Experimental Program.

Pour le véhicule, impossible de travailler à échelle réduite (taille et masse) car cela entacherait nos résultats d'une erreur qui s'ajouterait à l'absence de calibration par l'expérience des logiciels de conception des pistes. Le comportement mécanique d'une structure n'évoluant pas de manière mathématiquement prévisible à l'augmentation de poids. Airbus ne peut pas risquer de voir ses résultats contestés par la communauté scientifique et industrielle internationale. Le cas de charge doit donc être à l'échelle 1 concernant la géométrie des trains d'atterrissage simulés mais également la masse appliquée sur ces trains. C'est donc le plus grand LEGO du monde qu'il faut construire ! Le véhicule sera à géométrie variable : le positionnement des trains, et, sur chaque train, les séparations entre roues (séparation latérale) et entre essieux (séparation longitudinale) sont ajustables pour tester toutes les configurations possibles des trains 2-, 4- et 6-roues pour l'A3XX et simuler tous les trains des gros-porteurs concurrents : B747, B777, MD11. La masse d'acier emportée sur chaque module (un module est un train à 2-, 4- ou 6-roues) est aussi variable pour charger les roues de 19 t à 32 t représentant ainsi tous les MTOW de tous les aéronefs gros-porteurs et les variantes successives envisagées pour l'A3XX (à l'époque, les MTOW envisagés pour l'A3XX sont 540 t, 590 t et 660 t). Chaque modification de la géométrie ou de la masse requiert l'utilisation de la plus puissante grue hors gabarit d'Europe (voir cahier photo n°2).

Le projet devient l'A3XX *Pavement Experimental Program* (PEP) et va réunir entre autres :

– des experts d'Airbus : Philippe Encarthe et Robert Thompson pour les configurations de trains d'atterrissage de l'A3XX, Jens Hinrichsen pour la structure de l'A3XX, Philippe Jarry pour le marketing du programme, Hubert de Cledat pour le service des achats, Jean-Paul Bernes pour les moyens généraux,

– le ministère des Transports, avec le Service des bases aériennes par la voix de son directeur Patrick Gandil, le Service technique des bases aériennes (STBA devenu le Service technique de l'Aviation civile STAC) et Jean-Claude Deffieux, son expert dimensionnement et maintenance des pistes, avec le Service local des bases aériennes : Michel Lannes et Yves Gimenez, experts maîtrise d'œuvre de la piste expérimentale,

– le LCPC, laboratoire central des Ponts & Chaussées, avec

ses experts physiciens de la mécanique des solides et des milieux discontinus Jean-Michel Piau et Jean Balay, son expert instrumentation Jean-Claude Gramsammer,

– le LRPC, laboratoire régional des Ponts & Chaussées de Toulouse, avec son chef de bureau d'études Jean-Pierre Benaben, son expert instrumentation Dominique Guedon, son expert carottages/matériaux Jean-Michel Coulomb

– le NACO, bureau d'études de l'aéroport d'Amsterdam avec son expert A.R. Nataraj,

– l'entreprise Bogest avec son dirigeant, fantastique concepteur du « véhicule » d'essais Alexis Albin, le conducteur du véhicule Patrick Puppione

– la Direction de l'aviation civile DAC Sud avec Michel Marzloff pour la sécurité de la plate-forme expérimentale,

– Aéroports de Paris avec sa direction des programmes internationaux menée par Jean-Marc Chevalier,

– l'entreprise Malet constructeur BTP,

– les hauts-fourneaux de Fos sur Mer,

– l'entreprise Foselev pour sa grue hors gabarit, la plus grande d'Europe positionnée sur la plate-forme d'essais pour démonter et remonter le LEGO afin de varier les configurations de trains simulées et leurs chargements.

Nous allons ensemble partager une aventure technique trépidante mais à laquelle nous croyons tous. Seulement six mois nous sont accordés pour produire ces premiers résultats expérimentaux. Habituellement, dans l'aéronautique, un tel challenge aurait requis plusieurs mois de réflexion pour définir les objectifs du programme expérimental, encore quelques mois supplémentaires pour rédiger les cahiers des charges des moyens d'essais et ceux des campagnes d'essais, et enfin plusieurs années pour réaliser les essais et en exploiter les résultats avant d'être en situation de pouvoir influencer la communauté internationale, et donc la réglementation.

Les mois doivent donc se muer en semaines. Malheureusement, nous avons l'été 1998 dans la période et son concert de congés annuels pour une foultitude d'entreprises et institutions. Mais quand urgence fait loi, plus rien n'est impossible.

Nos plus fidèles alliés sont l'imagination et la motivation de chaque membre de cette équipe projet. La somme de nos expertises et notre envie viscérale de « griller la politesse » aux Américains en publiant des données avant qu'eux-mêmes aient fait rouler leur « *test vehicle* ».

Du côté de l'entreprise Bogest, Alexis Albin est de ces « professeur Nimbus » auxquels il suffit de quelques phrases de description de l'ambition poursuivie pour imaginer la machine nécessaire qui intégrera des concepts complètement modulables de mécanique, d'hydraulique et de propulsion. Ce véhicule simulateur roulera plus de dix ans au titre de ce *Pavement Experimental Program.* Il servira également à la réception des ponts de liaison entre l'usine Jean-Luc Lagardère de Toulouse Aéroconstellation dans laquelle est assemblé l'A380 et l'aéroport de Toulouse-Blagnac, et il sera même transporté aller-retour en morceaux de Toulouse à l'aéroport de Roissy-Charles-de-Gaulle pour la réception des travaux de rénovation de la quatrième piste d'envol (norme F) pour recevoir le trafic A380.

Les hauts fourneaux des Bouches-du-Rhône procèdent habituellement à la maintenance de leurs fours pendant l'été et stoppent donc leur production pendant quatre semaines. En 1998, cette maintenance sera décalée pour permettre de produire pour début août les quelque 600 tonnes d'acier en brames de différents formats nécessaires à la fabrication des modules du LEGO : trains 2-, 4- et 6-roues avec plates-formes pouvant recevoir les masses réparties du MTOW de chaque avion simulé sur la plate-forme expérimentale.

La Direction des routes donnera une dérogation pour que 14 porte-chars transportent de Marseille à Toulouse ces quelque 600 tonnes d'acier par voies autoroutières pendant le week-end du 15 août 1998, week-end habituellement formellement interdit à ce type de transport exceptionnel pour d'évidentes raisons de trafic vacancier et de sécurité routière (voir dans le cahier photo n°2 « La tortue en configuration A340 »).

Le service technique des bases aériennes mettra tous ces experts et moyens informatiques à notre disposition pour calculer les structures des quatre zones d'essais expérimentales (quatre morceaux de piste) représentatives des quatre catégories A, B, C, D d'aéroports existants au monde.

Le service local des bases aériennes de l'aéroport de Toulouse-Blagnac, avec l'ensemble de ses équipes techniques, assurera la maîtrise d'œuvre du chantier de construction de ces quatre zones d'essais, toutes différentes du traitement du sous-sol à la chaux pour en augmenter la portance, au nombre de couches de fondations et de soubassement et à leurs épaisseurs, jusqu'à la couche de roulement asphaltée. Les premières mesures expérimentales seront produites sur ce type de structure souple plus rapide à construire qu'une structure béton (qui fera l'objet d'une campagne d'essais particulière en 2001).

Le laboratoire central des Ponts & Chaussées à Nantes nous offre l'expertise unique de ses chercheurs pour concevoir l'instrumentation qui sera posée dans et entre les différentes couches des quatre planches d'essais. Différents types de capteurs seront utilisés pour mesurer les paramètres de résistance mécanique en statique et en fatigue : cette instrumentation permet « d'observer » en temps réel le comportement des structures soumises à différents cas de charges. Le LCPC a développé ces instrumentations en particulier sur le réseau autoroutier français, dont on connaît la qualité, pour résoudre le phénomène d'orniérage des voies de droite sous l'effet du trafic des poids lourds de 38 tonnes (voir cahier photo n°2).

Le laboratoire régional des Ponts & Chaussées de Toulouse propose ses meilleurs techniciens à la fois pour assurer le contrôle qualité externe du chantier de construction de la plate-forme d'essais (caractérisation mécanique des matériaux et de leur mise en œuvre pour démontrer la conformité à la conception), et pour procéder à l'installation des capteurs en cours de chantier ainsi que leur raccordement à l'installation d'acquisition de données.

L'entreprise Malet battra des records pour réaliser la construction grâce à la mobilisation en nombre d'engins de chantier et à une coordination hors norme (« Installation de jauges de contraintes verticales », et « Installation de jauges de contraintes horizontales »).

Airbus invitera tous les aéroports de lancement de l'A3XX le 10 septembre 1998 pour une grande conférence de lancement du *Pavement Experimental Program* à Toulouse avec visite commentée de la « quadruple piste expérimentale ».

La « Tortue », nom de baptême donné au véhicule d'essais simulateur en raison de sa faible vitesse, roulera pour la première fois sur la piste souple expérimentale le 4 octobre 1998.

La plate-forme d'essais recevra un Boeing B747-400 de Corsair et un Boeing B777-200 de British Airways qui seront tractés pour des roulages de calibration dans le but de démontrer que le simulateur représente parfaitement le cas de charge d'un avion réel (les ingénieurs parlent de corrélation). L'analyse des données comparatives entre avion réel et simulateur démontrera un écart de l'ordre de 3 %. Jusqu'à 5 % la corrélation est considérée comme acquise. Les résultats à publier ne pourront donc pas être contestés.

Le 22 décembre 1998, le premier rapport préliminaire de comparaison des différentes configurations de trains d'atterrissage de l'A3XX par rapport aux avions concurrents est déposé sur le bureau de l'ingénieur en chef du programme. Quel que soit le choix qui sera ensuite fait au titre d'autres paramètres tels les efforts au sol, les efforts de reprise sur la structure primaire (case des trains d'atterrissage dans l'avion), la cinématique de rentrée/sortie, etc., les mesures physiques démontrent que les charges sur toutes structures de pistes souples sont comprises dans l'enveloppe des charges déjà causées par les avions concurrents en service. L'équipe projet a relevé le gant et gagné son pari. De nombreuses années de travail s'ouvrent alors encore devant elle pour étudier le vieillissement des structures (comportement en fatigue) et conduire les campagnes d'essais sur des pistes rigides. Cyril Fabre rejoindra cette équipe dès 1999 avant que j'aie le plaisir de lui passer le relais de chef de projet du PEP en 2001.

En octobre 2007, l'OACI procédera à la première révision de la réglementation ACN-PCN sur chaussées souples. Si les *alpha-factors* du train 6-roues du Boeing B777 ne sont pas modifiés, l'OACI revendiquant leur parfaite anticipation dès 1995, ceux des trains 4-roues (B747, A340 et A380 4-roues) sont significativement abaissés pour rendre compte du caractère dimensionnant d'un train 6-roues très compact.

Les services de la Direction des routes en collaboration avec les laboratoires des Ponts & Chaussées ont, quant à eux, développé un nouveau logiciel de dimensionnement des infrastructures aéroportuaires souples, calibré sur les mesures physiques collectées pendant le PEP, qui est commercialisé depuis 2014 sous le nom « ALIZE ».

Un tel succès au bénéfice de la recherche et du développement, de la réglementation, de l'industrie aéronautique et du BTP n'a été possible que par l'extraordinaire énergie déployée par les femmes et les hommes réunis autour d'un projet technique et scientifique qui les dépassait à la première minute pour lequel ils ont collégialement décidé qu'il ne les arrêterait pas.

***

ACRONYMES :
ACN : *Aircraft Classification Number*
BTP : Bâtiment & Travaux publics
CBR : *Californian Bearing Ratio*
DAC : Direction de l'aviation civile
JFK : Aéroport John Fitzgerald Kennedy à New York
LCPC : Laboratoire central des Ponts & Chaussées
LRPC : Laboratoire régional des Ponts & Chaussées
MTOW : *Maximum Take-Off Weight*
NAPTF : *National Airport Pavement Test Facility*
OACI : Organisation de l'aviation civile internationale
PCN : *Pavement Classification Number*
PEP : *Pavement Experimental Program*
STAC : Service technique de l'aviation civile
STBA : Service technique des bases aériennes

TBM700 : UN LANCEMENT INCOGNITO !

Par Claude Lelaie

En août 1983, j'ai été embauché à la Socata, à l'époque filiale d'Aerospatiale, comme directeur technique. En arrivant à Tarbes, l'une des tâches qui m'a été confiée fut le développement d'un nouvel avion. Ce n'était pas facile car Aerospatiale nous surveillait de près, et lancer une nouvelle machine n'était pas vu d'un bon œil par certains.

Pendant l'année 1984, nous avons étudié quelques bimoteurs, mais sans grand enthousiasme car il y avait tout ce qu'il fallait sur le marché et, compte tenu des budgets envisageables, il était difficile de faire beaucoup mieux.

Le 12 décembre 1984

Tout s'est joué le 12 décembre 1984 au déjeuner, dans une petite salle à manger au 7e étage du siège d'Aerospatiale à Paris. Nous étions quatre autour de la table. J'étais avec le PDG de la Socata, Pierre Gautier. Il y avait également Alexandre Couvelaire, dit Alec, et Michel Ziegler. Le premier dirigeait Euralair, société de transport à la demande, et le second avait créé Air Alpes, compagnie de transport aérien qui opérait sur les altiports, et, à l'époque de ce déjeuner, il avait revendu ses parts et travaillait avec Alec.

Nous savions qu'Alec envisageait de prendre le contrôle de Mooney, société de construction d'avions légers installée à Kerrville, au Texas. Nous avions déjà eu des contacts pour voir si nous pouvions lancer des projets en commun, mais tout cela était resté assez vague. Ce jour-là, nous ne savions pas où il en était avec Mooney car cette société passait rapidement de mains en mains. Alors Pierre Gautier lui a posé la question. Il s'est levé, s'est incliné devant nous et a dit : « Mooney, c'est moi ! » Il en avait pris le contrôle.

Alec était un fan des avions Morane Paris. Morane - Saulnier a été l'un des premiers constructeurs d'avions. Vers 1965, à la suite de concentrations dans l'industrie aéronautique, cette société est devenue une filiale de Sud Aviation (puis Aerospatiale après de nouveaux regroupements) sous le nom de Socata. Dans les années 1950, pour répondre à une demande d'avions d'entraînement pour l'Armée de l'air, elle a mis au point un biréacteur, biplace côte à côte, le Fleuret. Mais le marché a été remporté par l'avion concurrent, le Fouga Magister. Alors, elle a développé des versions quadriplace : Paris 1, puis Paris 2 (cahier photos n° 2). Alec avait plusieurs Paris 2, la version la plus répandue, et même l'unique Paris 3, 6 places, qui avait été construit. Les Paris volaient à près de 300 kt, à une altitude maximale de 25 000 ft. Mais, compte tenu de la consommation élevée des réacteurs, l'autonomie était limitée. Ainsi, lorsque j'étais ingénieur au Centre d'essais en vol, je faisais régulièrement des liaisons entre Istres et Brétigny (sud de Paris), soit environ 320 NM. Il y avait assez de carburant, mais nous partions quand même avec le plein complet !

Le Paris a fait son premier vol en 1954. Comme il était de conception ancienne, Alec rêvait de le remplacer par un petit avion moderne et rapide volant à 300 kt, mais beaucoup moins cher que les jets d'affaires disponibles sur le marché. Mooney avait construit un prototype d'un avion monomoteur rapide à 6 places, avec un moteur à pistons, le Mooney 301. Aucune chance de voler à 300 kt car il aurait fallu remplacer ce moteur par une turbine.

Le repas a essentiellement tourné autour des qualités du Paris et de la nécessité de le remplacer. Le challenge nous a tout de suite paru intéressant. Nous nous placions dans une niche du marché car tout le monde ne va pas accepter de voler sur un monomoteur rapide, mais il devait bien y avoir des fanas pour acheter un petit bijou de ce genre. Les spécifications tenaient en quatre points : croisière à 300 kt (555 km/h), altitude maximale 30 000 ft (10 000 m), rayon d'action 1 800 km, six passagers avec quelques bagages. Tout simplement !

Mooney devait être partiellement associé au développement. L'idée initiale était deux tiers pour Socata et un tiers pour Mooney, d'où le nom TBM (avec TB pour Tarbes).

Il n'y avait plus qu'à regarder la faisabilité !

Le Mooney 301

Dès le mois de janvier 1985, dans le plus grand secret, nous nous sommes mis au travail. D'abord un ingénieur navigant d'essais, Jean Piatek, est parti au Texas pour évaluer le Mooney 301 (cahier photos n° 2). Cet avion était équipé d'un moteur de 360 cv et il devait croiser à 230 kt. Nous avions cru comprendre que le développement était bien avancé. Mais il n'en était rien. Il n'avait fait qu'une cinquantaine de vols, et encore, avec un seul centrage.

En fait, il fallait poursuivre le développement de cette machine pour déterminer ce qu'il pouvait nous apporter pour le TBM. Les vols d'essais ont eu lieu à San Antonio, au Texas, avec le soutien d'Ed Swearingen, un grand ingénieur aéronautique qui a conçu de nombreux avions avant de créer sa propre société pour construire des avions de transport régionaux. Les essais ont duré environ huit mois afin de déterminer si l'avion pouvait servir de base au TBM, et, sinon, ce que nous pouvions conserver.

Les travaux préliminaires à Tarbes

En parallèle, nous avons lancé les travaux de définition à Tarbes. Il fallait déterminer les caractéristiques générales de l'avion telles que masse, surface de la voilure, puissance du moteur, etc. pour satisfaire les spécifications.

Il fallait également décider de la forme du fuselage car l'habitabilité était un point fondamental. À l'époque, le Piper Malibu, avion monomoteur pressurisé pour six personnes, venait d'entrer en service, avec des spécifications assez similaires à celles du Mooney 301. Après un examen « sur pièces » d'un Malibu, nous avons décidé de conserver sensiblement la même largeur de fuselage et d'augmenter de quelques centimètres la hauteur « habitable ». Une maquette en bois et carton de la partie passagers du fuselage a rapidement été construite. Un peu plus tard, nous y avons ajouté la zone du cockpit (cahier photos n° 2).

Ce projet devait absolument rester secret. Nous avons donc créé un second bureau d'études, au fond de l'atelier « prototypes ». Les clients ou les visiteurs n'imaginaient pas en entrant dans cet atelier que, derrière les rideaux blancs, Socata concevait un nouvel appareil. Pendant le développement, ce bureau d'études est d'ailleurs devenu bien plus grand que son homologue « officiel » !

De manière surprenante, le secret a été bien gardé vis-à-vis de l'extérieur. J'ai encore le souvenir d'un article dans une revue d'aviation générale qui, après un accident sur un avion d'amateurs, tirait à boulets rouges sur la Socata, qui n'était même pas capable de lancer un nouveau programme. Je me suis senti visé et obligé de répondre, mais sans parler du projet TBM. Cela m'a vraiment fait mal au cœur !

Qu'avons-nous conservé du Mooney 301 ?

Après l'évaluation du Mooney 301, il fallait décider de ce que nous pouvions conserver de cet avion. D'abord la voilure, avec un profil laminaire, paraissait bien adaptée et, dans un premier temps, nous avons estimé que nous pouvions la garder. Mais, au bout de quelques semaines, j'ai vu arriver dans mon bureau le chef du bureau d'études, Jean Gesset, l'ingénieur en chef du programme, Maurice Fédensieu, et l'ingénieur navigant d'essais du Mooney, Jean Piatek. Ils venaient m'expliquer que ce profil laminaire n'était pas viable. En l'absence de dossier étayé, j'ai refusé de les écouter, et je leur ai demandé de justifier de manière indiscutable leur demande de modification de la voilure. C'est ce qu'ils ont fait trois semaines plus tard. Il y avait trois objections majeures. D'abord, la précision de fabrication nécessaire pour obtenir un profil parfait, sous peine de perdre les effets de la laminarité, ainsi que la nécessité d'avoir un profil parfaitement propre, par exemple sans dépôt d'insectes, pour tenir les performances. De plus, un profil laminaire doit être mince et il apparaissait une difficulté de fabrication pour assurer la rigidité de la structure des volets, trop « minces », et du bord de fuite de l'aile qui se trouve juste au-dessus. Finalement, un tel profil crée des couples longitudinaux qui varient dans de grandes proportions avec les conditions de vol, et qui sont donc difficiles à équilibrer avec l'empennage. Exit le profil laminaire !

Tout cela nous avait retardés car nous devions lancer les maquettes pour la soufflerie. Nous avons donc demandé aux spécialistes d'Aerospatiale de nous aider. Ils ont défini un profil de voilure similaire à celui de l'ATR 72. Le principe est astucieux. Derrière le longeron avant, le profil n'a pas le vrillage habituel qui permet d'avoir une incidence plus faible sur l'extrémité de l'aile que sur l'emplanture. Rappelons que ce vrillage permet d'avoir un départ latéral au décrochage plus doux car la zone d'emplanture décroche avant l'extrémité de l'aile. Du point de vue construction, c'est une très bonne solution puisque le longeron n'a plus de vrillage, ce qui facilite son usinage. Cependant, il faut bien créer cet effet de vrillage par un autre moyen. L'astuce est de faire évoluer le profil du bord d'attaque tout au long de l'envergure et le tour est joué. Merci Messieurs !

Pour que l'avion soit rapide, il faut une voilure de petite surface. Mais le règlement de certification des monomoteurs impose une vitesse maximale de décrochage de 61 kt (113 km/h) à l'atterrissage. Pour l'obtenir, il faut des volets particulièrement efficaces. Les ingénieurs de chez Mooney avaient donc conçu une aile avec des volets de grande envergure et donc de petits ailerons. Comme ces derniers ne pouvaient pas être suffisamment efficaces, des *spoilers* ont été ajoutés (voir chapitre LE FONCTIONNEMENT DE L'AVION). Et finalement, nous n'avons conservé du Mooney 301 que le principe des petits ailerons et des spoilers pour le gauchissement !

Le design

Indépendamment de ses performances, le TBM700 est un bel avion sur le plan esthétique. Maintenant, nous pouvons l'avouer, c'est un designer, Robert Broyer, un ancien de chez Renault qui s'était mis à son compte, qui a complètement repris le dessin des ingénieurs.

Lorsqu'il nous a présenté ses différentes versions, l'avis était unanime. Tout le monde était enthousiasmé. En quelques mots, il avait « remonté » la partie arrière du fuselage, augmenté la flèche de la dérive et surtout redessiné le cockpit avec ce pare-brise latéral si caractéristique. Techniquement, il y avait un petit problème : des hublots interféraient maintenant avec l'un des cadres principaux du fuselage. Mais, difficulté résolue en deux minutes : il suffisait d'ajouter un hublot de chaque côté pour régler cette affaire !

J'ose à peine dire ce que nous a coûté ce design, qui a probablement participé au succès de cet avion : 17 000 francs, soit 4 400 euros en valeur 2018 ! Néanmoins, lors de la présentation à la direction, j'étais « dans mes petits souliers » car il y avait quand même un petit problème financier : les maquettes de soufflerie avaient été lancées et il fallait les modifier ! Ce n'était pas gratuit. Mais, dans l'enthousiasme général de la direction, la « pilule » est passée sans difficulté car nous étions certains que le succès passait par là.

Le moteur

Pour voler à 300 kt à l'altitude de croisière, il faut un très gros turbopropulseur d'une puissance thermodynamique d'environ 1500 cv. Mais, pas question de libérer tous les chevaux à la mise de gaz au décollage car beaucoup trop dangereux. En fait, le problème qui me souciait le plus était la remise de gaz puisqu'en vol, à faible vitesse, on remet la puissance maximale partant d'un régime faible, donc avec un risque sérieux de déséquilibrer l'avion. Je n'étais pas sûr que tous nos clients potentiels soient capables d'y faire face avec une puissance trop élevée. Après étude des performances, nous avons décidé de limiter la puissance à basse altitude à 700 cv, d'où le nom de l'avion.

Il y avait deux motoristes capables de nous fournir un tel moteur : Garrett et Pratt & Whitney. Sur le plan opérationnel, le moteur Garrett, avec une « turbine liée », ne me plaisait guère. Je préférais le PT6 de Pratt et sa « turbine libre », d'un maniement plus aisé, et qui permettait de décélérer plus facilement.

Garrett n'a pas été bon dans sa campagne de vente car son équipe a passé son temps à dénigrer son concurrent, sans réellement nous aider. Au contraire, dès le début, Pratt nous a réellement soutenus pour étudier l'installation du moteur. Finalement, Garrett était plus cher que Pratt & Whitney. Tout allait dans le même sens, et le choix a été fait très rapidement. Mais il n'a été communiqué que très tard pour faciliter les négociations commerciales.

Le nerf de la guerre

Dès les premières semaines, Mooney, en grandes difficultés financières, nous a lâchés. Il fallait donc assurer seuls le financement. Mais nous devions rendre compte à la maison mère, Aerospatiale, de tous nos investissements. Au début, il y avait donc des réunions régulières tous les six à huit mois, devant tout leur état-major, pour rendre compte de nos travaux. Nous y allions avec Pierre Gautier, P-DG de la Socata. Son message avant les réunions était clair. En substance : « Nous n'avons pas besoin de feu vert, mais il ne faut pas de feu rouge ! »

Nos travaux étaient regardés avec intérêt. Il y avait toujours le même grincheux qui voulait tout arrêter (il a rapidement quitté Aerospatiale !). Les autres nous soutenaient mais, quand même, avec une certaine prudence. Nous étions alors autorisés à engager 800 000 francs (environ 200 000 euros, valeur 2016) avant de nous revoir pour faire le point.

En sortant, Pierre Gautier me donnait une autorisation pour 1,5 à 2 millions de francs. Au bureau d'études, j'annonçais 3 millions, mais en demandant la discrétion sur ce sujet. En arrivant à 4 millions, nous ralentissions un peu, en nous concentrant sur les points critiques, mais comme, à ce moment, nous arrivions à la date de la nouvelle réunion avec Aerospatiale, tout cela n'était pas gênant !

À cette époque, notre bureau d'études dessinait des éléments pour l'A320. Le nombre d'heures payées par Aerospatiale était bien calculé, et il n'y avait pas grand-chose à gagner de ce côté. En revanche, sur le taux horaire, la marge était considérable. Le bureau d'études était donc bénéficiaire et la direction fermait les yeux sur tous nos « bricolages » !

Une équipe très motivée, parfaitement soutenue par sa direction

Le *roll-out* a eu lieu le 13 juin 1988. Le secret avait été éventé un peu avant, mais, pendant environ trois ans, tout un bureau d'études a travaillé en cachette au fond d'un hangar, des pièces ont été fabriquées discrètement, et l'assemblage de l'avion a pu commencer à l'abri des regards.

Ainsi est né le TBM 700. Aucune décision formelle de le lancer n'a été prise, comme cela se fait habituellement. Mais une équipe très motivée, parfaitement soutenue par la direction de la société, l'a construit.

Le nom

Au tout début, ce nouvel avion devait s'appeler TBM. Puis, Mooney ayant abandonné le financement dès les premiers jours, il avait pris en interne le nom de TB700, la puissance du moteur au décollage ayant rapidement été décidée.

J'ai retrouvé une brochure présentant le « TB-700 », associant les noms d'Aerospatiale Aviation générale et de Mooney, faite relativement tard puisqu'elle présentait des détails de l'aménagement. Ayant quitté la société fin décembre 1986 pour être remplacé par Denis Legrand, je ne sais pas à quel moment on est revenu au nom de TBM700. Ce qui est certain, c'est que, pour faciliter les premières campagnes de ventes aux États-Unis, il y avait tout intérêt à associer le nom de Mooney, bien connu et apprécié pour ses avions très rapides. C'est ainsi que le M est revenu et que l'avion est définitivement devenu le TBM700.

Un risque financier acceptable ?

À la réflexion, on peut trouver que le risque pris était énorme car nous n'avions aucune garantie que ce type d'avion allait prendre sa place sur le marché. Les clients potentiels n'avaient pas été contactés pour donner leur avis. Une petite étude avait été faite et elle nous disait que, sur ce marché de niche, le niveau des ventes devait être de six avions par mois, et nous avions estimé que nous pouvions en capter la moitié, ce qui assurait la rentabilité. On pouvait douter de la fiabilité de cette étude mais, au moins, elle nous donnait bonne conscience ! Finalement elle n'était pas si mauvaise car, après un très fort ralentissement des ventes vers 1995, ces dernières ont progressivement repris. Trente ans après, les prévisions ont été dépassées puisque la production des versions TBM 910 et TBM 930 est maintenant passée à plus de 50 avions par an.

L'autre risque était de mettre Socata en sérieuses difficultés financières avec les énormes investissements destinés à ce programme. D'un côté, il y avait le chiffre officiel de 85 millions de francs que nous avions donné à Aerospatiale pour le développement et l'industrialisation. Mais Pierre Gautier, qui voulait évidemment éviter tout risque, m'avait demandé « la vérité, les yeux dans les yeux ». Mon estimation était de 200 millions. Il a jugé que ce risque était acceptable et, d'ailleurs, ce chiffre n'était pas trop loin de la vérité, même si un peu sous-évalué.

Et si c'était à refaire ?

Si c'était à refaire, avec un bureau d'études solide et un soutien sans faille de la direction de la société, et tout particulièrement la volonté du P-DG d'aller de l'avant, nul doute que l'aventure repartirait à l'identique.

En se replaçant en 1985, avec la technologie disponible à cette époque, je pense que l'avion serait similaire à celui que nous connaissons, compte tenu des moyens à notre disposition et du budget envisageable. En tant qu'ingénieur, je ferais deux modifications sur un système, mais sur des points qui n'affectent en rien les opérations normales. J'ai un regret d'avoir cédé, au bout de plusieurs mois, au bureau d'études pour gagner prétendument 9 kg, et j'estime maintenant que la conception du système aurait pu être plus astucieuse. Mais je n'en dirai pas plus sur ce sujet !

On ne conçoit jamais d'entrée de jeu des avions totalement optimisés, par manque de temps et quelquefois de moyens. De plus, la technologie et l'informatique évoluent en permanence. Les constructeurs doivent s'adapter et mettre leurs appareils

« au goût du jour ». Airbus le fait pour tous les avions de sa gamme. Félicitations à Daher - Socata pour avoir su améliorer d'année en année ce magnifique TBM700 pour en arriver au TBM930 (cahier photos n° 2) et assurer le succès du programme.

Merci à ceux qui m'ont aidé à rassembler
certaines informations et à ceux
qui ont participé à la relecture :
Françoise Castel,
Philippe Jarry,
Pierre Moskwa.

* * *

Merci à l'équipe des photothèques d'Airbus :
Sylvain Ramadier,
Marion Duboé,
Marie Bonzom.

Sommaire

Collection Histoires authentiques

LA VIE FANTASTIQUE DE BOB HOOVER

Bob Hoover portant le chapeau de paille fétiche

Le meilleur pilote que j'aie jamais connu !

C'est ainsi que Chuck Yeager, premier pilote à passer le mur du son, présente son ami Robert A. « Bob » Hoover.
Car l'homme est une légende de l'aviation : Pilote de chasse pendant la Seconde Guerre mondiale, il est fait prisonnier mais s'évade en dérobant un chasseur allemand !
Dans les années 50, il devient pilote d'essais… Mais c'est dans le grand cirque des meetings aériens que Bob Hoover écrit sa légende. Aux commandes de son bimoteur Rockwell Commander, il effectue un show aérien époustouflant... moteurs coupés !

En 1990, les autorités américaines décident de l'arrêter de vol car elles le jugent trop vieux. C'est alors l'ensemble de l'Amérique qui le soutient dans ce combat inégal… Il en sort vainqueur ! On l'autorise à voler de nouveau.

24,35 €

Consulter notre site

www.editions-jpo.com

retrouvez-nous aussi
sur facebook et twitter

Collection Histoires authentiques

PILOTES DE L'AÉRONAVALE

Par Frédéric Zumbiehl

Les pilotes de l'aéronautique navale ne sont pas des pilotes comme les autres. Chevaliers du ciel, ils sont aussi des hommes de mer, aviateurs par passion et marins dans l'âme.

Ancien pilote de chasse embarqué, Frédéric Zumbiehl recrée l'ambiance fiévreuse des missions de combat, de la Seconde Guerre mondiale aux conflits les plus récents.

Vous vivrez le crash au catapultage de ce pilote de Crusader qui ne parvient pas à se détacher de son siège. Vous serez aux côtés d'un pilote qui, tentant d'apponter en pleine tempête, envisage de s'éjecter dans les flots déchaînés. Vous suivrez le récit épique du sauvetage, en pleine nuit, de l'équipage du pétrolier Érika, par un Super Frelon.

Vous partagerez l'aventure d'Eugène Ely, ce pionnier, qui tenta le premier appontage de l'histoire. Vous serez aux commandes d'un Rafale, en Afghanistan, pendant la traque de Ben Laden. Et embarqué dans bien d'autres aventures encore…

Pilotes de l'aéronavale est un recueil d'histoires authentiques plus palpitantes les unes que les autres.

Consulter notre site

www.editions-jpo.com

retrouvez-nous aussi sur facebook et twitter

Également, dans la collection
HISTOIRES AUTHENTIQUES
aux Éditions JPO

— JEAN-PIERRE OTELLI —

CATASTROPHES AÉRIENNES - *Les passagers ont le droit de savoir...*
LES MIRACULÉS DU CIEL - *Histoires de survies extraordinaires...*
LE SECRET DES BOÎTES NOIRES - *Enregistrements avant le crash...*
GANGSTERS DU CIEL - *Histoires authentiques de pirateries*
POURQUOI ILS SONT TOMBÉS - *Les faits... la vérité*
LES FOUS DU CIEL - *Ce qui s'est vraiment passé dans les avions, le 11 Septembre*
ERREURS DE PILOTAGE (12 tomes)
PASSAGERS INCONTRÔLABLES - 2 tomes
PILOTES DANS LA TOURMENTE - *Pilotes de chasse & Secret Défense*
CANADAIR - *Ces héros qui nous protègent*
CHARTERS - *Pour ne plus voyager en mauvaises compagnies*
PILOTE D'HÉLICOPTÈRE - *La vie incroyable de Georges Doat*
CARNETS DE VOLS - *Album avec dessins de François BOUSSEAU*
URGENCES À BORD - *Album avec dessins de François BOUSSEAU*
CE JOUR-LÀ - *Album avec dessins de François BOUSSEAU*
ALERTE EN VOL - *Album avec dessins de François BOUSSEAU*

— GERMAIN CHAMBOST —

LE BEA - *Les enquêteurs du ciel*
MISSIONS DE GUERRE
LE CIEL SOUS CONTRÔLE

— GERMAIN CHAMBOST & JEAN-PIERRE MITHOIS —

PILOTES - *Histoires d'aviation*

— ROGER RAPOPORT —

CRASH RIO-PARIS - *Les secrets d'une enquête (préface de JP Otelli)*

— BERNARD THOUANEL —

AVENTURES DANS LE CIEL - *Histoires authentiques*

— MICHAEL DURANT & STEVEN HARTOV —

PILOTES EN MISSIONS SECRÈTES - *les missions du Faucon Noir*
J'ÉTAIS LE PILOTE DU FAUCON NOIR - *Le livre qui a inspiré le film*

— PAPPY BOYINGTON —

TÊTE BRÛLÉE - *Ma véritable histoire*